烟台工贸技师学院职业素养培养系列丛书

职业沟通与团队合作

赵仁平　刁玉峰 ◎ 主编

中国书籍出版社
China Book Press

本书编委会

主　任　张　丛　于元涛
副主任　梁聪敏　李翠祝　孙晓方　王宗湖
　　　　　李广东
委　员　于　萍　李　红　任晓琴　邓介强
　　　　　路　方　王翠芹
主　编　赵仁平　刁玉峰
副主编　蔡衍红　梁秀荣　张云萍

前　言

经过两年多认真严谨的努力，这本以培养学生良好的团队合作和职业沟通能力为主要目标的教材终于杀青了，这是我们在一体化课程改革的道路上又迈出的坚实的一步。

本教材体现了职教特色，以提升学生职业素养和综合职业能力为目的，表现为以下几个特点：

第一，每一章节的任务及学习目标明确，便于师生对学习过程和学习效果进行评价和监督。

第二，以真实的校园生活或工作内容为背景设计任务，让学生在完成任务的同时，深入理解"团队合作与沟通活动"无处不在，真正实现教学与实践的有机融合，实现学习与工作的无缝对接。

第三，体现了综合职业能力的培养，在培养团队合作与职业沟通能力的同时，还注重学生解决问题等方法能力的培养，注重学生良好道德品质的引导，传递正能量。

第四，教材结构设计合理，便于师生操作。

本教材分为四个大的模块，每个模块有明确的任务目标，每个模块下有具体的学习任务和明确的学习目标。

每个学习任务都由五部分组成：①"案例导入"（激发兴趣，引发思考）；②"任务一"（本节主要学习任务）；③"相关理论与案例"（完成学习任务必备的学习资料）；④"任务二"（能力提升训练）；⑤"信息窗"（开阔眼界、丰富信息量）。五个部分循序渐进，脉络清晰，目标明确，信息量充足，给老师与学生提出学习要求的同时又给大家很大的自我发挥的空间。

本教材还设计了一个综合项目训练，目的是让学生在完成项目的过程中综合运用知识和技能解决实际问题。

由于时间、经验等方面的原因，我们的工作难免存在疏漏及不足之处，真诚希望各位专家、同仁批评指正，我们将不断完善，力求把精品课程奉献给学生，为培养学生的职业核心能力做出应有的贡献。

在此真诚感谢给予我们借鉴和学习的前辈专家，感谢各位领导和同行的支持，也要感谢编写组成员的辛勤工作。

编　者

2017 年 5 月

目录 CONTENTS

第一篇 团队合作篇 1
- 第一节 认识团队 3
- 第二节 组建团队 14
- 第三节 打造团队 26
- 第四节 团队合作 43

第二篇 认知篇 认识沟通 跨越障碍 61
- 第一节 认识沟通——沟通很重要 63
- 第二节 做好沟通的准备 80
- 第三节 把握沟通的基本原则 91
- 第四节 克服障碍 沟通起步 101

第三篇 方法篇 掌握方法 巧妙沟通 113
- 第一节 语言沟通 115
- 第二节 倾听 122
- 第三节 问 129
- 第四节 答 135
- 第五节 非语言沟通 143

第四篇 运用篇 综合运用 高效沟通 153
- 第一节 介绍 155
- 第二节 说服 167
- 第三节 赞美 175

第四节　谈判 ·· 180

第五节　与领导沟通 ·· 196

第六节　与同事沟通 ·· 206

第七节　与客户沟通 ·· 214

第八节　面试中的沟通 ··· 221

项目训练　为本专业做宣传 ··· 231

参考文献 ·· 238

第一篇

团队合作篇

人的巨大的力量就在这里——觉得自己是在友好的集体里面。

不管一个人多么有才能,但是集体常常比他更聪明和更有力。

——[苏联] 奥斯特洛夫斯基

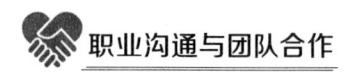

任务目标

一、知识与能力

1. 能够理解团队的概念，区分"团队"和"群体"。
2. 能够理解团队合作的原则。
3. 能够理解个人与团队的关系。
4. 理解团队精神，掌握团队精神的核心。
5. 理解并说出优秀团队的两大因素。

二、过程与方法

1. 能够组建6~10人的以学习成长为任务的团队，掌握团队合作的基础。
2. 能够迅速地融入团队，明确分工，承担责任，合作完成任务。
3. 通过活动增强团队合作意识，提高团队合作能力。

三、情感、态度和价值观

1. 树立团队意识。
2. 能够重视承诺，增强责任意识。
3. 树立正确的团队观念和团队自豪感。

第一节　认识团队

学习目标

一、知识与能力

1. 能够理解并复述团队的概念。
2. 能够说出团队的特征。

二、过程与方法

1. 能够通过练习题区分团队和群体，掌握二者最根本的差别。
2. 能够在训练中掌握团队的功能。

三、情感、态度和价值观

1. 能够理解团队精神，掌握团队精神的核心，树立团队意识。
2. 能够理解个人与团队的关系，树立为团队做贡献的思想。

案例导入

螃蟹与蚂蚁

生活在海边的人常常会看到这样一种有趣的现象：几只螃蟹从海里游到岸边，其中一只也许是想到岸上体验一下水族以外世界的生活滋味，只见它努力地往堤岸上爬，可无论它怎样执着、坚毅，却始终爬不到岸上去。这倒不是因为这只螃蟹不会选择路线，也不是因为它动作笨拙，而是它的同伴们不容许它爬上去。每当那只企图爬离水面的螃蟹就要爬上堤岸的时候，别的螃蟹就会争相拖住它的后腿，把它重新拖回到海里。人们也偶尔会看到一些爬上岸的海螃蟹，但不用说，它们一定是

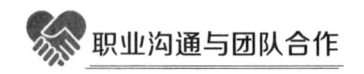

单独行动才上来的。

在南美洲的草原上，有一种动物却演绎出迥然不同的故事：酷热的天气，山坡上的草丛突然起火，无数蚂蚁被熊熊大火逼得节节后退，火的包围圈越来越小，渐渐地，蚂蚁似乎无路可走。然而，就在这时出人意料的事发生了：蚂蚁们迅速聚拢起来，紧紧地抱成一团，很快就滚成一个黑乎乎的大蚁球，蚁球滚动着冲向火海。尽管蚁球很快就被烧成了火球，在噼噼啪啪的响声中，一些居于火球外围的蚂蚁被烧死了，但更多的蚂蚁却绝处逢生。

思考：螃蟹群体与蚂蚁群体有何不同？对你有什么启发？

任务一　认识团队

任务详情：每个人都希望自己处在一个优秀的团队里。优秀的团队是什么样子的？自己身为团队一员，要怎样做才能让团队更优秀？互相交流，展开头脑风暴，完成下列任务。

1. 我心目中的优秀团队是这个样子的：

_____

_____

_____

2. 为使团队更优秀，我要这样做：

_____

_____

_____

_____

_____

_____

一、什么是团队

1994年，组织行为学权威、美国圣迭戈大学的管理学教授斯蒂芬·罗宾斯首次提出了"团队"的概念：为了实现某一目标而由相互协作的个体所组成的正式群体。它合理利用每一个成员的知识和技能协同工作，解决问题，达到共同的目标。团队要有一个既定的目标，为团队成员导航，知道要向何处去。没有目标，这个团队就没有存在的价值。团队内的成员，在工作上相互依附，在心理上相互关注，在感情上相互影响，在行为上有共同的规范。团队就是由两个或者两个以上相互作用、相互依赖的个体，为了特定目标而按照一定规则结合在一起的组织。

团队和群体的区别：群体可能是有共同的目的，但缺乏协作性，是没有凝聚力的人群。协作性是群体和团队最根本的差异。群体的协作性可能是中等程度的，有时成员还有消极和对立的情绪，但团队中有的是一种齐心协力的气氛。团队中除了领导者要负责之外，每一个团队的成员也要负责，甚至要一起相互作用、共同负责。

二、团队精神

所谓团队精神，简单来说就是大局意识、协作精神和服务精神的集中体现。团队精神的基础是尊重个人的兴趣和成就。核心是协同合作，最高境界是全体成员的向心力、凝聚力，反映的是个体利益和整体利益的统一，并进而保证组织的高效率运转。

团队精神的核心可以具体表现为：

①合作共享；②乐于付出；③个人服从团队；④集体主义。

在2004年雅典奥运会上，中国女排正是靠着团队精神，在冠军争夺赛中取得了惊心动魄的胜利。

2004年8月11日，意大利排协技术专家卡尔罗·里西先生在观看中国女排训练后认为，中国队在奥运会上的成败很大程度上取决于赵蕊蕊，可在奥运会开始后第一次比赛中，中国女排第一主力、身高1.97米的赵蕊蕊因腿伤复发，无法上场了。中国女排只好一场场去拼，在小组赛中，中国队还是输给了古巴队，似乎国人对女排夺冠也不抱太大希望。

然而，在最终与俄罗斯争夺冠军的决赛中，身高仅1.82米的张越红一记重扣穿越了2.02米的莫娃的头顶，砸在地板上，宣告这场历时2小时19分钟、出现过50次平局的巅峰对决的结束。经过了漫长的艰辛的20年以后，中国女排再次摘得奥运会金牌。

女排夺冠后，中国女排教练陈忠和放声痛哭。男儿有泪不轻弹，其中的艰辛，只有陈忠和和女排姑娘们最清楚。

那么，中国女排凭什么战胜了那些世界强队，凭什么反败为胜战胜俄罗斯队？陈忠和赛后说："我们没有绝对的实力去战胜对手，只能靠团队精神，靠拼搏精神去赢得胜利。用两个字来概括队员们能够反败为胜的原因，那就是忘我。"

团队精神的形成并不要求团队成员牺牲自我，相反，挥洒个性、表现特长、优势互补保证了成员共同完成任务目标，而明确的协作意愿和协作方式则产生了真正的内心动力。

古语说"人心齐，泰山移"，也就是现在我们常说的团结就是力量，这其实就是团队精神的体现。我们所处的时代是一个需要团队精神的时代，我们的班级要做到学习进步、活动积极、同学和谐互助，都需要团队精神。没有团队精神的群体，就像一盘散沙，没有凝聚力，即使用力攥在手里，也会一点点从指缝中滑落。但是如果在沙中加入水，沙子就会聚在一起，捏起来也不会散落。团队精神对于一个群体来说，就如同水对于沙子一样重要，可以起到黏合剂的作用，使群体中的每一个成员都能紧紧团结在一起。有了团队精神，才会有凝聚力，才会有竞争力，才会有高效率。

三、团队的特征

1. 明确的目标

高效的团队对于要达到的目标有清楚的了解，并坚信这一目标包含重大的意义和价值。这种目标的重要性还激励着团队成员把个人目标升华到群体目标中去。在高效团队中，成员愿意为团队目标做出承诺，清楚地知道团队希望他们做什么工作，以及他们怎样共同工作完成任务。

2. 互补的相关的技能

高效的团队是由一群有能力的成员组成的。他们具备实现理想目标所必需的技术和能力，以及相互良好合作的个性品质，从而能出色地完成任务。

3. 高度的忠诚、承诺、活力

高效团队的成员对团队表现出高度的忠诚和承诺，为了能使团队获得成功，他们愿意去做任何事情。每一个人都具有充分活力，愿意为目标全力以赴，觉得工作非常有意义，可以学习成长，可以不断进步。

4. 相互的信任

成员间相互信任是高效团队的显著特征，也就是说，每个成员对其他人的行为和能力都深信不疑。

5. 良好的沟通

团队成员能通过畅通的渠道交换信息，包括各种言语和非言语信息。此外，管理层与团队成员之间健康的信息反馈也是良好沟通的重要特征，有助于管理者知道团队成员的行动，消除误解。就像一对已经共同生活多年、感情深厚的夫妇那样，高效团队中的成员能迅速、准确地了解一致的想法和情感。

6. 公认的领导

高效团队的领导往往担负的是教练或后盾的作用，他们对团队提供指导和支持，而不是试图去控制下属。他们能在不同的情境中做出适当的领导行为。

7. 最佳的绩效

能够充分利用有限的资源，创造出最佳的绩效，即团队能够做出当时的最佳决策并有效执行。

8. 互相肯定与欣赏

成员能够真诚地互相赞赏，这是团队成长向前的动力。

9. 共同的荣誉感和向心力

团队中的个人以自己身为团队的一份子为荣，个人受到鼓舞并拥有自信自尊，队员以自己的工作为荣，并有成就感和满足感，有强烈的向心力和团队精神。

四、团队的功能

(一) 团队可以有效达成目标

你赢我赢大家赢的共赢心态，让人们为了一个个共同的目标，组建成不同的团队。团队至少有两个功能：

第一，可以做一个人不能做的事情。正所谓众人划桨撑大船，一个人的精力和能力是有限的，不可能独自承担所有的工作。我们无法想象一个人如何演奏交响乐、一个人如何修建地铁。

第二，团队的创造力大过其中的个人，可以取得比个人行动更大的效果。由于团队的存在，人们可以一致行动，产生"1+1>2"的合力。每个人的信念与心态直接影响着他个人的行为，更影响着他与团队的关系，影响到团队的创造力和成果。

(二) 团队助力个人成长

团队除了能有效达成目标外，还有很多额外产出：团队提供很多面镜子，其中的任何人都可以从他人身上学习；团队将不同的能量互补搭配，进行能量的均衡和平衡；团队使成员之间产生吸引力，催生责任感，并且塑造忠诚度；团队为各显神通的成员提供一个大的平台，为他们铺设了比个人力量更强大的背景，提升个人的信心；团队激发个人的奉献感，有的人为自己做事的动力不大，但是只要是为团队做事情，就会有一种使命感，热情迅速高涨。团队给人们提供了更大的自我肯定，满足了马斯洛所说的人的最高需求，自我实现的需要；团队也是无形的监督体系，让每个人自尊和自律。在团队中，知识可以有效地传播，团队可以将最好的方法推广给团队中的每一个人，个人随着团队的成长水涨船高，个人的力量得到放大，个

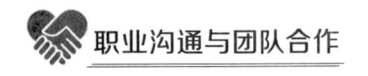

人品牌的含金量增加，对未来的预见和把握更强。

五、个人和团队的关系

相传佛教创始人释迦牟尼曾问他的弟子："一滴水怎么样才能不干涸？"弟子们面面相觑，无法回答，释迦牟尼说："把它放入大海里去。"

个人再完美，也就是一滴水；一个团队、一个优秀的团队就是大海。一滴水很快就会干枯，它只有投入到大海的怀抱，才能永久地存在。同理，个体也只有和团队结为一体，才能获得无穷的力量。只有团队成长了，我们个人才可能有发展的空间。锅里有才可能碗里有，"大河没水小河干，大河有水小河满。"因此，美国著名管理大师彼得·圣吉说："不管你个人多么强大，你的成就多么辉煌，你只有保持你与他人之间的合作关系，这一切才会有现实意义。"

团队中有各种不同类型的人，如动力型、开拓型、保守型、外向型、内向型等。而各人又有各自独特的、甚至他人无法代替的优势和长处，当然各人也都有弱点和短处。将每个人的优秀、长处，根据工作实际合理地搭配起来，优势互补，就能发挥最佳的整体组合效应。艾润生说："我们的劳动融合在集体的胜利里，这幸福有我的一份。"

故事中的智慧：

有一天，五根手指聚在一起，讨论谁是真正的老大。大拇指骄傲地率先发言："五根手指中，我排第一而且最粗大，人类在称赞最好或是表现杰出的时候，都是竖起拇指，所以老大非我莫属。"食指不以为然，急着辩解："我才是老大，要知道夹菜时，没有我支撑着，根本夹不了菜，只有我才能让人类大快朵颐。另外，人类在指示方向时，必须靠我。"中指不屑一顾地说："五指中我最修长，犹如鹤立鸡群，而且我居最中间的位置，大家众星捧月，这不就是老大的证明吗？"无名指不甘示弱，理直气壮道："三位也未免太自大了，世上最珍贵的珠宝，只有戴在我身上才能相得益彰，因此，我才配称老大。"小指在一旁，只是静默不语。四个指头惊异地一起问道："喂，怎么不谈谈你的看法，难道你不想当老大？""各位都有显赫的地位，我人微言轻，只是当人类在合十礼拜或打躬作揖时，我才最靠近真理与对方。不过，如果我们彼此分开，其威力又表现在哪儿呢？别人之所以怕我们，是因为我们五位一体，不可分割啊！"

启示： 团队可以是拳头或手掌，它的威力来自于每根手指的紧密合作；团队不可以是一盘散沙，员工任何形式的偏离、隔阂、冷漠以及嫉妒和仇视，都将使"赢"的大厦发生倾斜，甚至坍塌。

任务二　能力训练

一、案例分析（"借我一双慧眼"）

　　一天，三只蚂蚁肚子饿极了，在山洞里发呆。忽然，一阵风吹过，把桃树上的一颗桃子吹落到地上。蚂蚁妈妈看见了，马上带着两只小蚂蚁跑出山洞，向桃子扑过去，但是，这三只蚂蚁用了很大力气也无法把那只又大又红的桃子推回山洞。怎么办呢？一只小蚂蚁灵机一动，对着山洞大喊："伙伴们，快来帮忙，快来帮忙。"其他蚂蚁听了，马上成群结队地跑过来。

　　众蚂蚁齐心协力，一起把桃子往山洞里推。推啊，推啊，不一会儿，它们就把桃子推到山洞里。蚂蚁妈妈叫蚂蚁们坐好，然后把桃子分给大家吃。一只小蚂蚁说："这桃子又香又甜，真好吃。"蚂蚁妈妈看着大家吃得津津有味，心里很高兴。

　　结合实际，谈谈蚂蚁的故事给你什么启发？

二、思考分析

思考分析下面四个类型，哪些是群体？哪些是团队？请说明理由。
A. 龙舟队　　B. 旅行团　　C. 足球队　　D. 候机旅客

三、你如何理解个人与团队的关系

四、结合实际谈谈你对团队精神的理解

信息窗——"大开眼界"

关于狼性团队

◆ 狼性团队的个体特征

1. 进取：个人的事业心与上进心，拒绝平庸，追求卓越。
2. 忠诚：忠诚于企业，忠诚于老板，忠诚于团队。
3. 敬业：克服浮躁，专心致志于本职工作能力的提高和对企业服务能力的提高。
4. 责任：强烈的责任心以及履行责任的能力和技巧。
5. 沟通：用有效的沟通实现意见的交流、合作的达成以及任务的执行。

◆ 狼性团队的团队特征

1. 凝聚力：以企业的经营目标与团队目标为核心，内部凝聚为一个整体。

2. 执行力：对企业（团队）的目标、任务、制度与工作标准绝对执行到位。

3. 战斗力：团队在对企业的战略目标与任务上具有很强的执行力，企业在外围的市场竞争中具有一流的战斗力。

4. 文化力：以狼性文化为核心的企业文化具有对内部职工与外围环境的整合力与渗透力。

5. 生命力：企业内部团队具有自我修复、完善、成长与再扩大的能力，实现基层的自我管理。

◆ 狼性分析

一、狼的个体特征

（一）吃肉的目标绝不动摇

狼一生80%的时间都在解决饥饿问题，目标绝不动摇。而且狼只吃肉，不管多么困难，也决不吃草。

（二）忠诚于团队

忠诚于自己的团队，关爱自己的队友，遵守团队中的秩序，为了团队，可以牺牲自己的一切。

每匹狼都被它最称职的位置所吸引。它们的态度一向都是基于这样一个问题："什么对集体最有利？"

（三）面对任务，执着而富有耐心

狼丝毫不对自己的任务感到厌倦心烦，对自己的任务认真研究。对成功坚定不移地向往，始终将自己的精力集中在那些能促成它们实现目标的行动上，是耐心保证了胜利必将属于狼群。狼群谋求的不是眼前小利，而是长远的胜利。

（四）狼的好奇心

为了成功，不断地学习，不断地提高自我，而人类却容易自我满足，把大量时间用在了休闲上而不是自我提高上。

（五）顺水行舟

狼知道如何用最小的代价换取最大的回报。它们知道，蛮干与挥霍于事无益。

二、狼的团队特征

（一）同进同退，众狼一心

狼如果不得不面对比自己强大的东西，必群起而攻之，没有结果战斗就不会停止。成功则共同分享胜利果实，失败则誓死相救，决不独自退却。

（二）面对失败与挫折，百折不挠

狼群也许算得上自然界中效率最高的狩猎机器，然而它们却有约90%的失败率。换句话说，狼群十次狩猎中只有一次是成功的。而这次狩猎对狼群的生存极为重要，为此，狼经常忍饥挨饿。

它们对此的反应不是无精打采、放弃努力或者自认败北。它们可不像有些败类那样垂头丧气或变成消沉的懦夫。狼群所做的就是再次投身于眼前的工作，它们继续运用经历了时间考验的技能再加上它们新近从暂时的挫折中学到的知识，深信成功最后定会到来。它们从不停止做那些微不足道的小事，每天奔波千万里寻找猎物，留神所有的蛛丝马迹。

（三）内部沟通，充分彻底

狼是最善交际的食肉动物之一。它们并不仅仅依赖某种单一的交流方式，而是随意使用各种方法。它们嚎叫，用鼻尖相互挨擦，用舌头舔，采取支配或从属的身体姿态，使用包括唇、眼、面部表情以及尾巴位置在内的复杂精细的身体语言或利用气味来传递信息。

（四）授狼以渔：组织对个体的培养

狼会在小狼有独立能力的时候坚决离开它，因为狼知道，如果当不成狼，就只能当羊了。严格淘汰技能落后的狼，以保护种群的进化。这与有的企业对某些人姑息迁就甚至养虎成患恰恰相反。

（五）知己知彼

狼尊重每个对手，狼在每次攻击前都会去了解对手，而不会轻视它，所以狼一生的攻击很少失误。

◆ 打造狼性：目标与意志力的培养

狼的不能改变的本性：必须吃肉，决不吃草，不吃肉就要死亡，肉总比草少，吃肉的前提是能捉到羊与其他动物。因此，狼除了奋发，别无选择。羊则不同，以草、树叶等为食，得来甚易，不奋斗也能吃饱，甚至吃得很好。

如果人类必须以奋斗夺取食物，那就是狼性。如果一个企业始终抱着做强做大的目的而且不遗余力地进取，就是狼性十足的企业；一个人如果始终抱着不甘平庸的决心竭力拼搏，那就是狼性十足的人。一个团队如果锐意进取，具备了充分合作的狼性特征，就是一支狼性团队。

因此，造狼首先要造狼的目标，那就是必须卓越，对平庸（吃草或者是吃不上肉）心怀恐惧。

如果一个团队缺少了进攻性，就可能多了窝里斗。

狼性的第一条是必须要吃肉，"对缺乏食物永远恐惧"，然后才是训练如何吃到肉，如何才能更好地吃到肉。

因此，打造狼性团队的第一条就是目标与意志力的培养。

狼性目标：不甘平庸，追求卓越，为了成功，百折不挠。

1. 高标准，高要求，绝对不甘平庸。

2. 百折不挠，接受失败，总结经验，重新再来。

3. 充分准备，专心致志，全力以赴。
4. 不断学习，刻苦修炼，以期脱胎换骨的改变。
5. 致力于团队成为最优胜者（比别的团队强）。
6. 团队目标绝对至上，为了团队，牺牲自我也在所不惜。

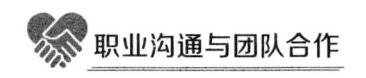

第二节　组建团队

学习目标

一、知识与能力

1. 能够理解并复述组建团队的意义。
2. 能够掌握并复述组建团队的原则。

二、过程与方法

1. 能够掌握快速融入团队的方法。
2. 能够组建 6~10 人的以学习成长为任务的团队。

三、情感、态度和价值观

1. 能够理解如何在团队中实现自我价值。
2. 能够学会发现并欣赏队员的优点。

案例导入

一箭易断　十箭难折

很久很久以前，有个国王，他有十个儿子。这十个儿子平时争权夺利，相互钩心斗角，扰得整个皇宫不得安宁。一天，老国王得了重病，他自己也知道快要不行了，于是就把十个儿子都叫到身旁，拿出十支箭来，让十个儿子每人折一支。十个儿子轻轻一折，就将箭折断了。然后老国王又拿出十支箭，并把这十支箭紧紧地捆扎在一起，让十个儿子折。可十个儿子用尽力气，谁也折不断。这时十个儿子都明白了老国王这样做的目的。

这个故事告诉了我们什么道理呢？

任务一　组建团队

要求：在团队成员相互介绍了解的基础上，交流合作，组建6~10人的以学习成长为核心任务的团队。

团队名称：_____

人员组成：_____

_____

团队目标（口号）：_____

_____

责任分工：_____

_____

计划（打算在学习、活动、竞赛、班级事务中的表现）：_____

_____

_____

_____

_____

_____

一、组建团队的意义

团队可以战胜个人无法战胜的困难，团队能提高工作效率。

两千多年前的楚汉相争，项羽勇猛无比，力大能拔山，然而最终得天下的不是项羽，而是刘邦。因为刘邦网罗了很多人才，有"三杰"的韩信、张良和萧何，有宰狗的樊哙、赶车的夏侯婴、帮人做丧事的周勃，还有陈平、英布等，组成了一个人才济济的智囊团。但是项羽生性多疑，不能够任人唯贤，连一个范增都留不了，最后落得一个兵败身亡的下场。

刘邦的胜利是团队的胜利。刘邦建立了一个让有才能的人各得其所、才能适得其用的团队，而项羽则仅靠匹夫之勇，所以失败是情理之中的事。

在F1赛车比赛中，赛车在比赛过程中都需要有几次加油和换轮胎的过程。要知道，在紧张刺激的赛车比赛中，每部车都是要分秒必争的。因此，赛车每次加油和换胎都需要勤务人员的团结协作。一般赛车的勤务人员有22个人，在这其中，有3个是负责加油的，其余的都是负责换胎的，有的人拧螺扣，有的人压千斤顶，有的人抬轮胎，……这是一个最体现协作精神的工作，加油和换胎的总过程通常都在6~12秒之间，这个速度在通常情况下，再熟练的维修工人也是无法达到的。如此快的过程，不仅有分工的原因，更是多人合作的结果。

有人曾做过一个实验，把七八只黄蜂同时关进一个密封的小木箱里，几天以后将它打开，发现木箱的四壁分别多出了七八个小洞，每个洞里各有一只死去的黄蜂。而这些小洞，最浅的也超过了木板厚度的一半。也就是说，只要这些黄蜂在危急关头能够团结合作，每一只都在同一个位置轮流钻上一段，那么完全可以轻易打破木箱，化险为夷，走出绝境。可遗憾的是，它们一个个只顾各自逃命，最后全部命丧黄泉。

众所周知的《西游记》中，师徒四人克服千难万险，经历了九九八十一难，最终取得真经，也是团队胜利的结果。唐僧、孙悟空、沙和尚、猪八戒四人性格各异、兴趣不同。很多人会诧异：这样四个在各方面差异如此之大的人竟然能容在一个群体中，而且能相处融洽，甚至能做出去西天取经这样的大事情来？！试想，这四个人中如果少一个人取经能成功吗？恐怕不行。少了任何一个人，取经能否成功都要打个问号。如果这四人都是同一类个性的人，取经能成功吗？恐怕也不行。从他们个性的角度说，西游记团队弥漫着无处不在的团队精神——互助合作，优势互补。唐僧作为团队的领袖，他有坚定的信念，自始至终目标明确，不会因困难而迷失方向，这是三个徒弟所不具备的。孙悟空勇敢机智，善于创新，不会被任何困难吓倒，不会逃避任何要面对的危险；他头脑灵活，七十二般变化，加上手中的利器，一路上降妖除魔，这又是其他三人所不具备的。猪八戒开朗乐观，善良重感情，在取经路上，他给大家带来的诸多快乐，使团队更有凝聚力，为取经增添了色彩。沙和尚稳重可信，忠厚老实，默默奉献，是忠诚的后勤保障，如果没有他，取经也不会如此顺利。正是因为不同个性和角色的他们能够团结合作、优势互补，团队才克服了重重险阻，得以完成任务。就是这样一个团队，使得西经取经路上，多了一份快乐，多了一份执着，多了一份对困难的无畏。任何一个人，即使能力再强，也无法替代这种团队的力量。

二、组建团队的原则

1. 优势互补原则

完成团队目标需要方方面面的人才。由于才能全面的人是很少的，团队必须整合起个体各自的优势，弥补个体的不足，发挥整体的作用。就像打篮球一样，个子高的当中锋，个子矮、善运球的当组织后卫，跑得快的可当前锋，等等，发挥各自的优势组织成一个优秀的团队。当然，全是世界上最好的高个中锋也不能组成一个球队，在组成团队的时候，也要考虑好各自的优势互补，同一类型的人才再好，也不可多要，否则，不但团队整体失衡，还会引起不必要的内耗。

2. 志同道合、目标一致原则

组建团队时，成员的共同志向、信仰很重要。常言道：志同道合，志不同则道不合。有的团队能同甘不能共苦，顺利时哥们不错，困难时分道扬镳；有的团队，做大一点了就分家，企业永远做不大。史玉柱在巨人大厦倒塌后能够迅速东山再起，一个重要原因是有一个死心塌地跟随他的好团队。

团队的成功离不开明确一致的目标。一致的目标引领大家齐心协力。西游记团队的目标就是去西天取经，正是这共同一致的目标引领师徒四人克服了千难万险，最终实现目标。

3. 团结合作原则

选拔团队成员时，每个人都有其不同的长处和优势，但也有不同的缺点和不足，往往优点突出的人，其缺点和个性也比较突出。如果没有团结合作，就没有优势互补，就形成不了一个拳头。正如将世界球星组成一个足球队，不一定取得球赛胜利那样，失去协作的团队就会变成一盘散沙，优点也会变成缺点。能否做好团结合作，是选拔团队成员的一个重要的标准。

三、快速融入团队

只有完美的团队，没有完美的个人。一个人只有正确地认识到团队的力量，融入到团队中，才能在最短的时间内得到个人的突破，才能更快体现出自己的价值。如何才能快速地融入团队呢？

1. 了解团队

要融入团队，必须了解自己的团队，包括团队的性质、团队目标、团队成员的基本情况等。

2. 热爱团队

热爱自己的团队，热爱自己的工作，通过努力赢得大家的认可，这是个人融入团队的基础。

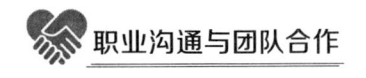

3. 让团队了解你

要适时推荐自己，运用适当的方法表现自己的长处，让大家了解你、接受你、认同你，这样才能更好地融入团队。

4. 积极主动

不管做什么事，消极对待都不会成功。只有主动去做，才能获得突破。事事都要向前看，主动履行自己的职责，主动为大家服务，主动为团队付出。机会是争取来的，不是等来的。

5. 学会欣赏

学会发现和欣赏别人的优点，学会发现和欣赏团队的优点，这样会让我们更快地融入团队。

6. 保持积极的心态

（1）微笑。微笑是全世界最美丽的语言，它能消除人与人之间的隔阂。微笑会给周边的人一种很好的感觉，会让别人更加容易与你接近。在团队中，你的微笑会帮你争取到很多的支持。

（2）乐观。乐观就是要一切都往好的方面想，人生总会有很多的挫折，当你失去什么的时候可能随之得到的是更多，"塞翁失马，焉知非福"？不要在意一时的得失而丧失了长远的利益。

（3）开放。我们有时候会感到很难适应新的环境，其实并不是我们不能适应，更多的时候是因为我们过于封闭，总是对周围的人有戒备的心理，其实周围的人并不会像我们想象的一样冷漠，很多时候是我们自己没有正确地认识别人。善待别人也是在善待自己，尊重别人才能赢得别人的尊重。

（4）虚心。"三人行，必有我师"。在一个新的环境里，必然会有很多我们不知道的东西，要虚心去向他人学习请教，只有当你能主动地去向别人提问的时候才能得到别人的建议。要做到小事主动做、大事学着做，虚心学习，不耻下问，提升自己。

四、在团队中如何实现自我的价值

1. 把个人利益与他人绑在一起

在团队中，任何一位成员的利益都是和他人捆绑在一起的，帮助别人就是强大自己，帮助别人就是帮助自己，别人得到的并非是我们失去的。

有一个人想知道天堂和地狱的人各是怎么生活的。上帝满足了他的愿望。在地狱，他看到人们一个个饿得皮包骨头。饭桌上并不是没有吃的东西，他们每个人都拿着一米长的筷子，夹着菜拼命往自己嘴里送，然而还没喂到嘴里，菜就掉了。在天堂，他看到人们过得富足而快乐，但饭桌上的菜肴和地狱并没有两样，他们每个人也拿着一米长的筷子，所不同的是，他们所夹的菜不是喂自己，而是喂对方。天堂和地狱往往在于一念之差，心态和行为方式不同，就会导致完全不同的结果。

成功的人总是能付出的人，只有先付出，才能有收获。帮助别人的时候就是帮助自己。如果过分地突出自己而不肯与他人合作，那就很可能失去自己心中所希望和祈盼的一切，这就好像我们要建筑一座富丽堂皇的大厦，光有设计精巧的图纸，只靠自己的一己之力是不能让它成为美好现实的。

2. 履行自己的职责

三个和尚在一所破寺院里相遇。"这所寺院为什么荒废了？"不知是谁提出的问题。"必是和尚不虔，所以菩萨不灵。"甲和尚说。"必是和尚不勤，所以庙产不修。"乙和尚说。"必是和尚不敬，所以香客不多。"丙和尚说。

三人争执不休，最后决定留下来各尽其能，看看谁能最后获得成功。于是，甲和尚礼佛念经，乙和尚整理庙务，丙和尚化缘讲经。果然香火渐盛，原来的寺院恢复了往日的壮观。

"都因为我礼佛念经，所以菩萨显灵。"甲和尚说。"都因为我勤加管理，所以寺务周全。"乙和尚说。"都因为我劝世奔走，所以香客众多。"丙和尚说。三人争执不休，不事正务。渐渐地，寺院里的盛况又逐渐消失了。

就在各奔东西的那一天，他们总算得出一致的结论：这座寺院的荒废不是哪一个人的责任，而是我们大家共同的责任。

我们每一个人有没有履行好自己的责任呢？

3. 把个人的成功建立在团队基础之上

大雁迁徙时往往排成"人"字型或"一"字型。前面大雁的飞行可以掀起一股向上的气流，从而减少了后面大雁的空气阻力，当领头雁飞累了的时候就会发出信息，队列中的另一只强壮的大雁就会自觉地飞上去替补。有人甚至做过这样的试验：用枪射杀第一只大雁后，队形依然会保持原状不变。动物学家们的试验表明，大雁长距离结队飞行的速度是单只大雁飞行速度的 1.73 倍。正是这样一种善于奉献、团结合作的精神，使得大雁能够冬去春来，长途迁徙数千里。

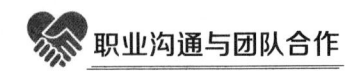

任务二 能力训练

一、团队交流，推荐自己，记住每个队员的姓名，发现并欣赏其他队员的优点

1. 我这样推荐我自己：_____

2. 我发现其他队员的优点是：_____

3. 我最欣赏的队员是_____，因为他（她）_____

二、认真思考，真诚地回答下面的问题

1. 你希望团队成员如何看待你？希望他们如何评价你？

2. 在接下来的一个星期里，你会去做些什么样的事情呢？

_____

_____

_____

_____

3. 一个星期很快过去了，你对自己这一个星期的表现满意吗？你做了什么或者没做什么导致了今天的结果？下一步你打算做什么？

_____

_____

_____

_____

_____

三、阅读故事，结合你所在团队的具体情况，思考在团队中你可以做好哪些工作

汤 石

有一个装扮像魔术师的人来到一个村庄，他向迎面而来的妇人说："我有一颗汤石，如果将它放入烧开的水中，会立刻变出美味的汤来，我现在就煮给大家喝。"

这时，有人找了一个大锅子，也有人提了一桶水，架上炉子和木材，就在广场煮了起来。这个陌生人很小心地把汤石放入滚烫的锅中，然后用汤匙尝了一口，很兴奋地说："太美味了，如果再加入一点洋葱就更好了。"立刻有人冲回家拿了一堆洋葱。陌生人又尝了一口："太棒了，如果再放些肉片就更香了。"又一个妇人快速回家端了一盘肉来。"再有一些蔬菜就完美无缺了。"陌生人又建议道。在陌生人的指挥下，有人拿了盐，有人拿了酱油，也有人棒了其他材料，当大家一人一碗蹲在那里享用时，他们发现这真是天底下最美味好喝的汤。

其实那个汤石不过是陌生人在路边随手捡到的一颗石头。只要我们愿意，每个人都可以煮出一锅如此美味的汤。当我们贡献出自己的一份力量时，众志成城，汤石就在每个人的心中。

信息窗——"大开眼界"

《西游记》团队

　　《西游记》是一部值得一读的巨著，书中描述了由四种不同性格的成员组成的一支团队，如何克服重重困难最终取回真经的艰苦历程，让人更加深刻地理解：原来，团队的进步与个人的前程是如此紧密地联系在一起。当一个团队实现既定目标的时候，每一位成员也都会从中得到个人的成功。从猕猴到斗战胜佛，孙悟空的故事可以说是一个由个人奋斗失败后转向团队成功最终实现个人价值的经典案例。在追求个人成功的过程中，我们离不开团队合作。因为，没有一个人是万能的，即使神通广大的孙悟空，也无法独自完成取经大任。然而，我们却能通过建立人际互赖关系，通过别人的帮助，来弥补自身的不足。对于团队而言，伙伴之间的友好相处和相互协作至关重要。无论力量型的人、完美型的人、活泼型的人还是和平型的人，都可以凭借自己的性格魅力来赢得团队伙伴的支持。这样一来，我们就能够实现个人与团队的共同成功。战胜困难的过程就是战胜自我的过程，就是融入团队的过程，也就是生命成长的过程。

一、团队成员及性格

　　完美型的唐僧：他目光远大、目标明确，有组织设计能力，注重行为规范和工作的高标准，担任团队的主管。如果一个团队中没有唐僧，这样的团队就只是一群乌合之众，不会有什么远大的前程。

　　力量型的孙悟空：干劲十足、崇尚行动，解决问题不过夜，注重工作的结果，能够迅速理解和完成当前团队的任务，是团队的业务骨干。如果一个团队中没有孙悟空，我们很难想象这个团队是如何艰难进步的。如果一个团队中没有孙悟空，唐僧的远大抱负将很可能化为泡影。

活泼型的猪八戒：热情奔放、感情外露，善于活跃工作气氛，他承担了团队的公共关系工作。他帮助每一位同事，并使工作变得有趣。如果一个团队中没有猪八戒，我们很难想象这个团队是如何枯燥乏味和令人厌倦的。

和平型的沙和尚：他平和、冷静、有耐心，承担了团队的事务性工作。事实证明，他能够胜任这份工作并且持之以恒，而且能够在压力下保持冷静。别看他平时默默无闻，可每次到了最后关头都是他来稳定局面的。

团队的任务必须由这四种不同性格的人去协作完成。

这是因为，健康的组织需要集四种性格优势之大全，而每一种性格都有其不可替代的优势，但同时也无法取代别人的长处。你不妨看看：当唐僧在想、孙悟空在干、猪八戒在说、沙和尚在看的时候，我们有理由相信，一支团队中的成员如果全部由唐僧、全部由孙悟空或者全部由猪八戒、全部由沙和尚性格类型的人组成，那么，这支团队肯定不会是一支理想的团队，这也是《西游记》作者吴承恩老师的高明之处。

二、团队的组成（和在什么样的环境中组成的）

如来派观音菩萨去东土寻一取经人来西天取经，劝化众生。观音点化玄奘去西天求取真经。唐太宗认玄奘做御弟，赐号三藏。唐三藏西行，在五行山救出孙悟空。孙悟空被带上观世音的紧箍，唐僧一念紧箍咒，悟空就头疼难忍。师徒二人西行，在鹰愁涧收伏白龙，白龙化作唐僧的坐骑。在高老庄，收伏猪悟能八戒，猪八戒做了唐僧的第二个徒弟；在流沙河，又收伏了沙悟净，沙和尚成了唐僧的第三个徒弟。至此，西游团队完成组建工作。接下来就是西游团队实现目标的过程，唐僧师徒四人跋山涉水，西去求经。

三、团队在取经途中遇到的困难和阻碍

在团队组建后，就开始了他们目标的实现工作。而目标的实现将会是千辛万苦的过程，在实现目标的过程中，他们遇到了各种各样的障碍，而他们的战斗力也是惊人的，这其中团队精神发挥了重要作用。观音菩萨欲试唐僧师徒道心，和黎山老母、普贤、文殊化成美女，招四人为婿，唐僧等三人不为所动，只有八戒迷恋女色，被菩萨吊在树上。在万寿山五庄观，孙悟空等偷吃人参果，推倒仙树。为了赔偿，孙悟空请来观音，用甘露救活了仙树。白骨精三次变化欲取唐僧，都被悟空识破。唐僧不辨真伪，又听信八戒谗言，逐走悟空，自己却被黄袍怪拿住。八戒、沙僧斗不过黄袍怪，沙僧被擒，唐僧被变成老虎。八戒在白龙马的苦劝下，到花果山请出孙悟空，降伏妖魔，师徒四人继续西行。乌鸡国国王被狮精推入井内淹死，狮精变作国王。国王鬼魂求告唐僧搭救，八戒从井中背出尸身，悟空又从太上老君处要来金丹，救活国王。牛魔王的儿子红孩儿据守火云洞，欲食唐僧肉。悟空抵不住红孩儿的三昧真火，请来菩萨降妖。菩萨降伏红孩儿，让他做了善财童子。西梁女国国王欲招唐僧做夫婿，悟空等智赚关文，坚意西行，唐僧却被毒敌山琵琶洞蝎子精摄去。悟空请来昴日星官，昴日星官化作双冠子大公鸡，才使妖怪现了原形。不久，唐僧因悟空又打死拦路强盗，再次把他撵走。六耳猕猴精趁机变作悟空模样，抢走行李关文，又把小妖变作唐僧、八戒、沙僧模样，欲上西天骗取真经。真假两悟空从天上杀到地下，菩萨、玉帝、地藏王等均不能辨认真假，直到雷音寺如来佛处，才被佛祖说出本相，猕猴精被悟空打死……师徒四人历尽千辛万苦终于来到灵山圣地，拜见佛祖，却因不曾送人事给阿傩、伽叶二尊者，只取得无字经。唐僧师徒又返回雷音寺，奉送唐王所赠紫金钵做人事，才求得真经，返回本土。不想九九八十一难还缺一难未满，在通天河四人又被老鼋翻落河中，湿了经卷，至今《佛本行经》不全。唐三藏等把佛经送至大唐首都长安，真身又返回灵山。

三藏被封为旃檀功德佛，悟空被封为斗战胜佛，八戒受封净坛使者，沙僧受封金身罗汉，白龙马加升为八部天龙，各归本位，共享极乐。

四、西游记中团队精神的现实意义

《西游记》中所体现出来的团队精神可分为以下几方面：

(一) 目标明确，永不言败的精神

团队的成功必须有个明确诱人的目标，西游团队就有一个明确的目标——去西天取真经，但要历经九九八十一难。同时唐僧给西天取经制定的战略决策是50年不变，100年不动摇。

(二) 以人为本，用人所长，有效组建团队

有了目标，目标的实现要由有能力的人去执行。所以团队成功的关键还要有人的参与，以人为本。尚水利在《团队精神：感受团队精神的力量=合力》中提到：企业强大竞争力的根源不仅仅在于其员工个人能力的卓越，还在于其员工整体、团体合力的强大，更在于那种弥漫于企业中的无处不在的团队精神。西天取经为什么是这四个人，少一个行不行？恐怕不行，少任何一个人，是否能完成去西天取经的伟大使命都要打个问号。那么四个同一类型的人行不行？也不行。从他们的个性角度分析，弥漫着无处不在的团队精神。

唐僧：团队中最受尊敬、最核心的人物。事业心极强，信念极为坚定，而且异常执着。唐僧的目标只有一个：排除万难，到达西天，拜见佛祖，求取真经。无论遇见什么艰难险阻妖魔鬼怪，信心决不动摇。

孙悟空：绝对是团队中的骨干。取经路上降妖伏魔的事基本上都是交给他的，只要他出马，没什么事能难倒他。他本领高强，神通广大，同时是一位人际大户，渠道广泛，资源丰富。但个别情况下有急躁情绪，不服管教。

猪八戒：好吃懒做，不思进取，得过且过，没什么大本事，不过日常工作完成的也还不错，比如降妖、挑担，调节团队气氛。也可以说是团队中的一个活宝。

沙僧：非常忠诚的成员。任劳任怨，甘愿奉献，不计个人得失，只顾埋头做事。

（三）积极沟通，有效解决冲突

刘仁民在《关注团队精神》中说：沟通是团队精神的黏合剂。《西游记》中存在的冲突主要集中在唐僧和他的大徒弟孙悟空身上，但是通过有效积极的沟通，师徒四人和好如初，同心协力，赶赴西天。

（四）恩威并施，重视情感管理

这方面集中体现在唐僧对孙悟空的管理上。一方面他对孙悟空施恩，另一方面又给他加压，这样恩威并用才算对孙悟空实现有效的管理。史韶华在《〈西游记〉的用人之道》中说：唐僧虽无缚鸡之力，却能调动三个脾气、秉性各不相同的徒弟，披荆斩棘，一路向西天行进，当然不仅仅是靠紧箍咒，关怀每个徒弟，让他们各展所长、各司其职，用师徒情凝聚人也是一个制胜法宝。

（五）居安思危，完善团队

一步成功，并不代表永远的成功。即使经历八十难，没有经历八十一难，也取不了真经。而正是经历一系列的困难，唐僧师徒经过种种磨难的考验，不断地战胜困难，在战胜困难中完善团队。一个完善的团队才能更好地体现团队精神，更具有强大的战斗力。一个团队需要拧在一起，产生"1+1>2"的作用，而通过九九八十一难，唐僧师徒形成具有超强战斗力的团队，而他们的组合也终于产生了"1+1>2"的化学效应。

西游记的主题歌反映了两种精神：一是"你挑着担，我牵着马"的各尽所能的团队精神；另一种是"迎来日出送走晚霞，踏平坎坷成大道，斗罢艰险又出发"的不断战胜困难、坚持到底的精神。

第三节　打造团队

学习目标

一、知识与能力

1. 能够理解打造团队的意义。
2. 能够掌握优秀团队的两大要素。
3. 能够理解打造团队的六个方面要点。

二、过程与方法

1. 能够协商制定出团队的奋斗目标、行为规范标准。
2. 能够在制定目标的过程中充分考虑依据SMART原则。

三、情感、态度和价值观

1. 能够重视承诺，并为违背承诺付出代价。
2. 能够意识到负责任的重要性，树立负责任的态度。

案例导入

梭子蟹、虾和天鹅

一天，梭子蟹、虾和天鹅要把一辆小车从大路上拖下来：三个家伙一齐负起沉重的担子。它们用足狠劲，身上的青筋暴露，但无论怎样地拖啊拉啊推啊，小车还是在老地方，一点也没有移动。倒不是小车太重了，而是另有缘故：天鹅使劲地往上向天空直提，虾一步步向后倒拖，梭子蟹又朝着池塘拉去。

思考：这个故事告诉我们什么？

任务一　制定团队目标、规范和计划

任务详情：要求通过沟通交流，团队达成一致，制定出团队的奋斗目标、行为规范标准（团队的决议如何形成？意见不一致怎么办？成员之间有矛盾怎么办？）和打造优秀团队的计划。

我们是_____队

我们的团队目标是_____

我们团队的行为规范是_____

_____

_____

_____

_____

我们打造优秀团队的计划是_____

_____

_____

_____

_____

_____

一、打造团队的意义

建立团队是实现共赢的一种有效方法，团队可以实现某个目标，同时满足团队成员的需求。组成团队是为了更好地展开工作，但不是光组建一个团队就完事了，更重要的是打造团队，做好团队建设使团队发挥作用才是最终目标。俗话说："一个和尚提水喝，两个和尚抬水喝，三个和尚没水喝。"三个和尚建立团队，其目的是为了更有效地取水喝，结果互相推诿，三个人的合力为零，只是个体的简单堆砌，毫无意义，当然不是有效的团队。

一个优秀的团队一定是和睦融洽的。团队就像我们的一个小家庭，如果我们在这里过得不舒心、不开心，那么工作起来肯定也不顺心，所以优秀的团队首先团队氛围一定是融洽的，让人舒服的。一个优秀的团队一定是互帮互助、相互关爱的，每个人都会为他人着想。当遇到困难时所有人都会挺身而出，同舟共济，上级尊重下级，下级敬畏上级，平级互相友爱，那么这个团队一定是无懈可击、无坚不摧的，我们在这样的团队里一定会感觉到幸福。一个优秀的团队一定是高执行力、高效率的。优秀的团队一定是战斗力极强的，我们如果待在一个羊的团队，自己也会变成羊，如果我们待在一个狼的团队也会变成狼。快速响应、高速执行的团队，能够激发我们身上的激情和斗志，让我们一往无前地完成任务，实现目标。一个优秀的团队一定有极强的荣誉感，每个人都能够把团队的利益放在第一位，团队强则人强，没有完美的个人只有完美的团队！

高效团队和一般性团队相比较，其不同之处具体表现在以下几个方面：①目标明确；②团结互助；③畅所欲言；④积极参与；⑤各负其责；⑥死心塌地。

二、优秀团队的两大要素

两个主要因素决定了团队工作效率的高低。

1. 任务执行能力

即认可共同目标后，团队能够承诺并按一定的时限完成什么样的工作。优秀的团队往往能充分调动所有成员的积极性，保证按时完成既定的工作任务。

2. 人际关系合力

团队所有成员只有通力合作才能获得满意的工作结果。当团队确定要实现的目标后，团队领导和成员都有责任培养相互信任的氛围。

优秀的团队必定是任务执行能力和人际关系合力良好结合的团队。如果一个团队里成员的关系再融洽，但不能高效地完成任务，就不能被认为是成功的。同理，即使团队的任务完成得再好，如果缺乏融洽的关系也是不可能保持长久的。团队成员并不需要勉强自己"喜欢"谁而使工作卓有成效，当然，也不能指望缺乏相互尊重、相互支持的团队能取得竞争优势。

三、打造团队

打造团队重点从以下几方面着手：

1. 确立共同一致的团队目标

团队目标是团队成员共同的愿望在客观环境中的具体化。它以实现团队整体利益为前提，同时要包括团队成员的个人意愿和目标，充分体现团队成员的个人意志与利益，并且具有足够的重要性和吸引力，能够引起团队成员的激情。只有这样，才能充分调动团队成员的积极性和创造性，实现整个团队效率的最大化。

共同一致的目标能够为团队成员指引方向和提供动力。目标会使个体提高绩效水平，目标也使群体充满活力。"人心齐，泰山移"是因为目标一致，所以才能移动泰山。没有目标，团队会成为一盘散沙。有了目标，团队成员才会为实现这一共同目标全身心地奋斗。

确立共同一致的团队目标，需要寻找团队的共同利益与愿景。所谓寻找共同的利益与愿景，就是找出团队中成员共同关心的事物，如共同的利益、共同的目标等。切不可只是为了团队领导者或团队自身目的，也不能停留在表面的口号或理念上，因为流于形式的理念很难让大家发自内心地认同团队价值。

一个优秀的团队首先就是能够满足团队成员的思想需求与物质需求，把大家这些共性的东西塑造、提炼出来，而后通过团队的协作，切实地达到大家的这些共同期望。当团队成员发现原来大家共同的目标是一样的，价值观也相同，就有了一种同一条战线的兄弟般的感性意识，当遭遇内部矛盾时就会多一些理解与包容，遭遇外部困难的时候也能同舟共济，而团队目标会在成员追求与达到个体目标的过程中自然随之达成。另外目标要随环境的变化有所调整。

目标的制定要符合 SMART 原则：

（1）具体明确（Specific）。目标必须是具体明确的，明确的目标几乎是所有成功团队的一致特点。很多团队不成功的重要原因之一就是因为目标定的模棱两可，或者没有将目标有效地传达给相关成员。

（2）可以衡量（Measurable）。目标必须是可以衡量的，要有一组明确的数据作为衡量是否达成目标的依据。如果制定的目标没有办法衡量，就无法判断这个目标是否实现，离实现还有多远。目标的衡量标准遵循"能量化的量化，不能量化的质化"原则。

（3）可以达到（Attainable）。目标必须是通过努力可以实现的，也就是目标不能过低和偏高，低了无意义，高了实现不了。目标是要能够被执行人所接受的。团队目标设置时要坚持全员参与、上下左右沟通，使拟定的目标在组织及个人之间达成一致。既要使工作内容饱满，也要具有可达性。可以制定出跳起来"摘桃"的目标，不能制定出跳起来"摘星星"的目标。

（4）有相关性（Relevant）。目标的相关性是指实现此目标与其他目标的关联情况。如果实现了这个目标，但对其他的目标完全不相关，或者相关度很低，那这个目标即使被达到了，意义也不是很大。

（5）有截止期限（Time-bound）。目标设置要具有时间限制，根据工作任务的权重、事情的轻重缓急，拟定出完成目标项目的时间要求，定期检查项目的完成进度，及时掌握项目进展的变化情况，以方便及时反馈，根据异常情况变化及时地调整工作计划。

无论是制定团队的工作目标还是员工的绩效目标都必须符合上述原则，五个原则缺一不可。

2. 创造团队向上的动力

团队的动力来自于两个方面：相同的价值观和共同认可的行为规范标准。

团队的价值观标准可以解释为一种信仰，对所有成员都十分重要。团队每个成员的个人价值观加起来可以有很多，但团队的价值观标准必须简单明了，团队的每个成员不论职位高低、资历深浅，都必须坚信团队的价值观标准，并把它作为生活的准则。所以，团队的核心问题是如何建立与众不同的价值观标准，它符合团队宗旨，被所有成员认可接受并为实现它而努力。正是由于核心价值观标准的确定，确保了所有团队成员之间能紧密配合，同心协力地为共同的追求而努力工作。

团队的行为规范标准帮助团队成员懂得团队对他们的期望是什么，懂得如何才能最好地配合，规范决策程序和处理矛盾的方式。团队行为规范标准建立一个大家都能接受的行为准则，在这个准则的指导下，团队成员乐于相互配合。团队行为规范以任务为核心，遵循每个人的工作都直接对整个任务做出贡献的基本价值观，鼓励那些高效的全面工作的行为，制裁那些降低效率或质量的行为。行为规范标准的篇幅长短无关紧要，重要的是内容，是它对团队进步的影响，同时更重要的是获得团队成员口头或书面的遵守承诺，如果没有人遵守，行为规范标准制定得再好也只是一纸空谈。一个团队最好的情形莫过于大家都能满腔热情地执行标准，因为没有人怀疑这样做会帮助团队走向成功。团队实行行为规范标准，最佳结果是团队所有成员都把它当作自我管理的尺子，很清楚自己的言行是否符合团队的根本利益，同时，团队不仅允许而且期望所有成员能够随时指出规范的不对之处，多提建议，不断去完善它。

成员在多大程度上遵守规范，显示出团队的凝聚力。一个有吸引力的团队，团队的凝聚力就高，规范被严格地遵守。团队成员中要真正树立起自我管理的理念：我们团队最终确定的行为规范标准是出自我们自己，而绝非他人；遵守团队行为规范标准是我们自己百分之百的义务，而非他人强迫；我们相互允许对方坚持不懈地认真对待规范、尊重规范、遵守规范，当他人违反规范标准时，我们每一个人都有责任向其指出错误，但注意态度坚决、语气和蔼；我们每个人都要争取做遵守规范的表率，绝不放纵自己，他人遵守，我亦遵守。团队成员做到了这些，才能为今后解决矛盾、相互间建立信任打下坚实的基础，团队才能真正步向成功。只有大家都认同团队的价值取向和团队的行为规范标准，团队成员才能更出色地工作，更密切地与他人配合，才能创造团队向上的动力。

3. 融洽关系，增强团队凝聚力

团队工作中的重中之重是保持良好的工作关系。对于一个团队来说，团队成员相互之间的关系与要完成的团队目标是同等重要的。团队成员之间的关系包括如何看待自己的团队，如何看待他人，如何看待合作的意义和形式，等等。如果团队中每个人充分发挥了自己的技术和能力，团队就有可能完成目标。可是如果团队成员在关系上出现矛盾，比如总是计较谁干多了谁干少了，谁拿多了谁拿少了，互相抱怨指责等，就会产生强烈的干扰，影响人的能力发挥，延迟甚至阻止团队目标的实现。

人在团队中的干扰主要来自于对相互关系的看法和心态。由于个人的喜好和选择，对其他的成员可能产生怀疑和否定，这种心态会破坏团队的关系，降低团队的生产力。团队中经常出现的内耗现象，并不是成员在技术上能力上出现了问题，而是在关系上出现了问题。解决的办法是及时反馈、反映真相，帮助对方看到是什么因素让这种情况发生，它将产生什么结果，用什么样的方式来解决。

每个人在团队中也有不同的表现和位置，一般来说，人们在团队中有四种表现：浪荡玩票，置身事外，但求不败，尽心致胜。一个人在不同的团队中表现也会不一样。有人在一个团队中浪荡玩票，做事不用心，没有责任感，一副混日子的散漫状态，成绩平平，让人感觉他没什么能力，但是换了另外一个团队后，马上精神焕发，做事非常投入，创造力也很强，业绩出众，周围的人对他的尽心致胜给予很高的评价。人还是那个人，能力也不会突然增加，到底是什么让这个人表现不同呢？起作用的是他对新团队的看法转变了，干扰降低了，潜能就显现出来。在现实中，不一定所有的团队都产生"1+1>2"的效果，只有将相互之间的关系调适到最佳状态，效果才会最大化。调试的一个方向是共赢的心态，以及共赢带来的价值。

在团队的共同工作中，我们会发现每个人的性格、行为差异很大。我们首先应该接纳差异的存在，同时在差异的基础上确立成功团队的精神。成功团队之所以成功，是因为重视而不是忽视每一个成员，成功团队的关系建立在和谐的基础上，简单明朗。正是这种和谐明朗的关系才使团队上下一致，团队的凝聚力也产生于此。对于一个团队来说，增强凝聚力是非常重要的。形成凝聚力的核心因素是成员具有主人翁心态，不把自己与团队分隔开来，而是由衷地认为团队是我、我就是团队。团队成员互相给对方照镜子，帮助对方清晰他的真实心态，看到自己与团队之间的关系。如果团队的凝聚力不高，成员缺乏忠诚度，那么即使团队能达到目标也不是成功的团队。凝聚力是团队可以延续的财产，有凝聚力的团队，人们乐于在一起工作，一个任务完成后，成员们不愿意散伙，这样的团队很可能在未来再次成功。在富有效率的团队里，每一个成员都能感觉到彼此的联系和一致性，知道自己是团队的一员，让人感觉到的是强烈的归属感和自信心，于是才会愿意为团队做出实实在在的贡献。相反如果一个人有了不和谐的感觉，这种感觉又因为敏感的排挤不断加深，那么最后必然导致态度消极和工作效率下降。所以团队要采取措施让所有成员都能感受到团队的凝聚力。

融洽关系、增强团队凝聚力要从相互尊重开始，互助合作，欣赏肯定，传播正能量。融洽关系、增强团队凝聚力需要充分沟通。各成员之间要充分沟通，互相协助。沟通是展开一切工作的前提，决策、任务的下达，建议、反馈的传递，团队中各个成员的相互协调等，都离不开沟通。良好的沟通成为了团队建设的基础。沟通对于提高团队工作效率、化解潜在矛盾有重要的作用。工作中的任何一个决策或者任务都需要有效的沟通过程才能施行，沟通的过程就是对决策的理解传达的过程。每当决策或者任务下达时，决策者要和执行者进行必要的沟通，以对决策或者任务达成共识，使执行者准确无误地按照决策或者任务执行，避免因为对决策或者任务的曲解而造成的执行失误。沟通是联系团队各个成员之间的桥梁，良好的沟通能化解团队中不必要的矛盾，形成团结的队伍。团队成员间的密切团结和高效沟通，不仅可以减少成员间的矛盾和冲突，促进成员相互了解、相互帮助和相互交流，使各成员的矢量和最大化以实现团队的整体目标，而且可以实现团队成员间智力资源共享，促进知识创新。比尔·盖茨认为，包括微软在内许多成名的公司很大程度上得益于其团结的、高效沟通的团队精神。团队要营造一个良好的沟通渠道——让声音能够顺畅地从下面上来，经过传递，让决策者听到并消化掉，而后将这些声音转化为具体行动再传递回去，这样才能使决策正确有效，团队成员也会更积极投入。领导者切不可不听下面的声音，只是关起门来做决策，而后把思想、决策从上面扔下去就等着追踪结果和考核执行情况。沟通中还要善于从批评中寻找积极成分。如果别人对你的错误大加抨击，即使带有强烈的感情色彩，也不要与之争论不休，而是从积极方面来理解他的抨击。这样，不但对你改正错误有帮助，也避免了语言敌对场面的出现。

4. 信守承诺，彼此负责任

（1）承诺。

"承诺"两个字分解开来，包括"承"和"诺"两层意思，也就是先诺、答应，然后承，用行动承担。简单地说承诺就是说到做到。我们在生活中是不是经常答应别人，却没有按照自己说的去做到？相信每个人都可以找到类似的经历。承诺不是看一个人说了什么，而是看他做了什么。衡量承诺，行动是最好的答案和标准。言必行，行必果，真正的承诺是行而有果。

承诺创造了别人度量自己的一个标准，承诺是体现自己言行一致的方式，告诉别人我说的宣言，让别人来检视自己说的和做的是否一样。承诺是一个心理合同，是一个非正式的契约。当你宣言的时候，别人会根据你宣言的内容，期待在合同期满之前承诺生效。当你的承诺只停留在宣言阶段，没有像你说的那样去做的时候，等于你将心理合同单方面毁掉了，打破了别人的期待，让别人产生失望，继而对你的话产生怀疑，最后不信任这个人了，甚至会记恨你。

有的人不敢承诺，就是不敢宣言一个标准出来，不让别人有评估自己的机会。逃避承诺，只能说明对自己没有信心，看轻自己的能量。

破坏承诺则是破坏自己做人的诚信。诚信是人和企业的基石，信口开河，言而无信，是对诚信最大的破坏；言而有信，兑现承诺，可以夯实诚信的根基。失去了诚信就失去了自己的资源，失去了立业的根本。

承诺也是一个人自愿的行为，没有人强迫你，除非你愿意。如果有些事情你不愿意承诺，你完全可以用拒绝来表白自己的真正想法，千万不要自欺欺人，伤害了别人，最终伤害的肯定是自己。

（2）负责任。

团队成员必须互相依靠，以实现共同认定的目标。不论是团队领导还是团队成员，都有责任为它的成功做出努力。作为团队的一员，大家荣辱与共，万一失败，无人能辞其咎。

观察我们的生活会发现，在绝大部分情况下负责任都是别人的事情。我们经常把责任推给别人，跟自己无关，每个人都善于为别人寻找责任。"他们从来没有真正关心过我，这就是为什么我总觉得自己没用。""今天我是这个样子了，我也无能为力"，"我是个失败者，因为被人拒绝过多次"。看看这些说法：我没用是因为他人不关心，责任在他人；我无能为力，是因为别人把我搞成这样，责任在别人；我失败是因为别人多次拒绝我，责任在他人。每一句话都包含这样的意思：我是弱者，我是被你们害成这样的，你们应该为我的今天负责任。真的是这样吗？这种行为和心态其实不是真正的负责任，而是为自己找借口和托词。

负责任，首先是一种心态，是对待事物或者生命的心态。其次，负责任是关于自己的，而不是把目标放在别人身上，不是为别人寻找责任，自己才是负责任的主体。第三，每个人的一切行为都是自己自由选择的结果，要对自己的行为负有完全的责任，任何外在因素都不是推诿责任的对象。西方哲学家萨特说，我们是自己的选择。我们的过去，今天的生活，以及未来都是自己的选择，不是外界强加给我们的。既然是自己的选择，就应该为选择负起责任，为现在所得到的一切负责任。只有负责任的人才能够享受到真正的自由。推卸责任，等于将自己定位为外力决定下的牺牲者。没有人能够剥夺我们的终极自由，每个人都是通过选择成为自己今天的样子。自由和责任是一体的两面，你选择了自己，就必须为自己的生命、行动以及不采取行动担负起全部的责任。负责任是一种心态，负责任不是通过外界的强迫而产生的，只有当一个人内心愿意才能真正负起责任。负责任同样可以被感受到，那就是一个人心态和行为上的主动。负责任是发自内心的，是一种自愿的心态，如果是真的负责任，那就是发自内心、心甘情愿的，即使被罚也不会心生委屈。当然你也可以选择不负责任，不过你必须对自己的不负责任负责任。每个人的人生选择都是自由的，但每个人必须承担自己选择造成的一切后果。

负责任就是把责任归因到我，事情因我而起，结果因我而得，一切都是我自愿的，不去怨天尤人，不去责怪外界和他人，而是很负责任地去接受这一切，去改变这一切。"负责任"不问为什么，而是积极主动地承担起责任。只有心态上负责任了，行为上才会主动，行动才会更加有效。当一个人负责任后，他是主动的、自愿的，心情是轻松的，不会心生埋怨，不会有压迫感，外在的表现是舒坦自在。

5. 着眼于如何解决问题

团队出现问题时，不是互相指责抱怨，而是本着负责任的精神，着眼于如何解决问题，而不是问题本身。事实上，把大家的注意力由问题转移到如何解决问题上，远比单纯指责或强词夺理重要得多。大家都能多提具体和实在的意见，多谈正面看法，强调正面效果，多提改进建议，认真考虑如何才能产生积极的效果，这样才能获得有效的反馈，解决实际问题。处理团队矛盾时，应本着"对事不对人"的原则，对具体的行为进行裁定，而不是针对某一个人，把问题与相关的人员分开，永远要以解决问题为主，这样的结果往往是问题解决了，当事人也会主动吸取教训。另外，在一个团队中，大家尽量不可把话谈绝，出言不逊，避免使用诸如"你不行""你总是"之类的句子，因为它们与具体行为不相干，往往还会让当事人反感，引起不必要的争辩，要把讨论焦点集中在解决问题上，而不是到处"宣扬"过错。

6. 领导带动

团队领袖要强有力。俗话说"兵熊熊一个，将熊熊一窝"，领导对于团队的影响是很大的。领导从字面上可以理解为"领航、引导"，字典的解释是"率领并引导朝一定方向前进"。大到国家，小到几个人的小团队，都需要领导。团队领导不仅要对团队作出正确的、对团队有利的决策，还要给团队的各个成员起示范作用。团队的领导要在团队中起到教练和后盾的作用，为团队成员提供必要的指导和支持。只有优秀的团队领导才能带出优秀的团队。领导者发出什么样的信号，决定着其他成员是否产生共鸣。领导要有奉献精神，除了其具有高瞻远瞩的正确决策能力外，是否具有为别人着想、以团队利益为重的自我牺牲精神，就成了其领导团队产生共鸣力量的关键。想一想，如果团队领导者凡事以自己利益为中心，或以强权支配团队成员，怎么可能唤起团队成员的共鸣呢？共鸣是一种彼此推心置腹的意见交换后的共识，共鸣更是爱心、信任交互的结果。

任务二　能力训练

一、案例分析

案例1

锁和钥匙

一日，锁对钥匙埋怨道："我每天辛辛苦苦为主人看守家门，而主人喜欢的却是你，总是每天把你带在身边。"而钥匙也不满地说："你每天待在家里，舒舒服服的，多安逸啊！我每天跟着主人，日晒雨淋的，多辛苦啊！"

一次，钥匙也想过一过锁那种安逸的生活，于是把自己偷偷藏了起来。主人出门后回家，不见了开锁的钥匙，气急之下，把锁给砸了，并把锁扔进了垃圾堆里。

主人进屋后，找到了那把钥匙，气愤地说："锁也砸了，现在留着你还有什么用呢？"说完，把钥匙也扔进了垃圾堆里。

在垃圾堆里相遇的锁和钥匙，不由感叹起来："今天我们落得如此可悲的下场，都是因为我们在各自的岗位上，不是相互配合，而是相互妒忌和猜疑啊！"

很多时候，人与人之间的关系都是相互的，互相扯皮、争斗，只能是两败俱伤，唯有互相配合、团队协作，方能共同繁荣！

思考：锁和钥匙的故事让你想到了什么？对你有什么启发？

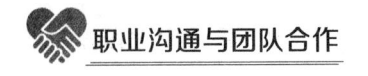

案例 2

佛像与铺路石

在很久以前，某个地方建起了一座规模宏大的寺庙。竣工之后，寺庙附近的善男信女们就每天祈求佛祖给他们送来一个最好的雕刻师，好雕刻一尊佛像让大家供奉。于是，如来佛就派了一个擅长雕刻的罗汉幻化成一个雕刻师来到人间。

雕刻师在两块已经准备好的石料中选了一块质地上乘的石头，开始工作了。可是，他刚拿起凿子凿了几下，这块石头就喊起痛来。

雕刻的罗汉就劝它说："不经过细细的雕琢，你将永远都是一块不起眼的石头，还是忍一忍吧。"

可是，等到他的凿子再一次落到石头身上，那块石头依然哀号不已："痛死我了，痛死我了，求求你，饶了我吧！"雕刻师实在忍受不了这块石头的叫嚷，只好停止了工作。

于是，罗汉只好选用了另一块质地远不如它的粗糙的石头雕琢。虽然这块石头的质地较差，但它因为自己能被雕刻师选中而从内心感激不已。同时，也对自己将被雕成一尊精美的雕像坚信不疑。所以，任凭雕刻师的刀凿斧敲，它都以坚韧的毅力默默地承受过来了。雕刻师则因为知道这块石头的质地差一些，为了展示自己的艺术，他工作得更加卖力，雕刻得更加精细。

不久，一尊肃穆庄严、气魄宏大的佛像赫然屹立在人们的面前。大家在惊叹中把它安放在了神坛上。

这座庙宇的香火鼎盛，日夜香火缭绕，天天人流不息。为了方便日益增加的香客行走，那块怕痛的石头被人们弄去填坑筑路了。由于当初承受不了雕琢之苦，现在只得承受人来车往、车碾脚踩的痛苦了。铺路石看到那尊雕刻好的雕像安享人们的顶礼膜拜，内心里总觉得不是滋味。

有一次它愤愤不平地对正路过此处的佛祖说："佛祖啊，这太不公平。您看那块石头的资质比我差得多，如今却享受着人间的礼赞尊崇，而我却每天遭受凌辱践踏，日晒雨淋，您为什么要这样的偏心啊？"

佛祖微微一笑说："它的资质也许并不如你，但是，那块石头的荣耀却是来自一刀一锉的雕琢之痛啊！你既然受不了雕琢之苦，只能得到这样的命运啊！"

思考：人生是有选择的。你愿意做佛像还是铺路石？这个故事告诉我们什么？

二、签订承诺书

要求：通过团队沟通交流，在达成一致的前提下，签订下面的承诺书。

承诺书

我承诺：在上课铃响前（或者老师喊"上课"前），带好书笔本，在团队指定的位置上坐好。

如果违背承诺，团队愿意付出的代价是：_____

_____

_____

_____

_____

_____

_____团队　承诺人签字：_____

团队领袖签字：_____

全体队员签字：_____

_____

日期：_____

三、发现问题，解决问题

团队中有人上课迟到，你可以如何负责任？从中你可以收获到什么？

_____

_____

_____

_____

_____

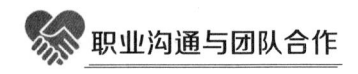

四、活动训练

活动一　受害者与负责任

请找一位不太熟悉的同学面对面坐下，保持静默。举手选择A、B（先举手的为A，后举手的为B）。

A对B：讲一个自己受害的故事，如有一天你因为挤公交车，手机被人偷了，你很委屈，很受伤，因而也很难过……描述当时的经过和感受。

要求：真实，能打动对方，讲完后闭眼。

思考1：在刚才的叙述当中，你作为一个受害者，是什么感受？受害者能得到什么好处？给自己造成了什么结果？写下来，参考如下：

受　害		
感受	收获	结果
痛苦 悲伤 忧郁 沉重	同情 可怜 施舍	原地 停止不前 坏心情
坏的心情		
痛苦、郁闷		
压抑、沉重		
绝望痛苦		

思考2：在刚才的讲述中，你说自己是多么多么受害，可是，你这么受害难道自己一点责任都没有吗？请从另一个角度去看一看、想一想！

把刚才的故事换个角度重讲一遍，请你以一个负责任的心态，负100%的责任，重新讲一遍这个故事，如：有一天我出门去挤公交车，当时人很多，由于我的不小心，没有当心自己的手机，结果手机没了。现在我知道在人多拥挤的时候，一定要注意自己的随身物品，这次就算是给自己的一次教训吧！感谢生活给我这次体验和收获。

思考3：同样一件事情，你这样说的时候，是一种什么样的感受？负责任者能收获到什么好处？给自己带来了什么结果？写下来，参考如下。请大家分享负责任的感受。

负责任		
感受	收获	结果
高兴 兴奋 愉快 轻松	金钱 朋友 赞许	行动 好的结果 好心情
好的心情		
高兴、快乐		
轻松、开心		
爽！快乐！		

分享交流：这个活动给你什么启发？

____
____
____
____
____
____
____

活动二　责任者报数游戏

下面我们进行一个游戏，请本次比赛的裁判进场，现在全场的最高指挥是主裁判。要求学员排成四路或二路纵队。

1. 选出两队的队长

步骤：

(1) 愿意担任队长，带领大家去赢的上前一步。

（2）每人发表一句宣言：如何做好队长？

（3）没有说话的后退一步。

（4）留下的同学再一次发表宣言，然后转过身。

（5）投票表决，同意他当队长的站到他的身后。

（6）确定有最多支持者的为队长。

2. 队长宣誓

3. 主裁判宣读游戏规则

责任者报数游戏规则：

（1）分A、B人数相等的两个组。

（2）A、B两组各选出男女队长各一名，队长不参加报数。

（3）比赛方法是A、B两组轮流报数并计时，以报完全体人数时间最快的为优胜。

（4）错报、漏报、抢报判为输，不遵守纪律、有说话、有影响对方组的判为输。

（5）每轮比赛结束，输的一方向对方鞠躬90度说："愿者服输，恭喜你们"。输的一组的队长要罚做俯卧撑（第一轮20个，以后每轮罚做的个数要加倍）。

（6）其他同学不可代做俯卧撑，不可说话，全神贯注投入比赛。

4. 三分钟整理队伍，调整大家到最好状态

报数比赛记录表

	第一轮	第二轮	第三轮	第四轮	第五轮	第六轮
A组						
B组						
罚俯卧撑	20	40	80	160	320	640

写下你参加这次活动后的体会和感悟。当看到队长做到已经无法完成、撑不起来的时候，你有什么感受？交流分享。

_____

_____

_____

_____

_____

活动三　跑秒

活动目的：感受团队的力量，创造可能性，打造高效团队。

活动要求：速度最快化。

操作程序：

1. 让同学站在门外准备好，准备好了向老师报告。
2. 老师打开门，宣布"开始"，同时开始计时。
3. 学生要立即跑到自己的位置上坐好，要求每人一位，不得空位。
4. 全体坐好后，计时结束。
5. 老师宣布计时结果。
6. 老师可根据需要进行3至4次，每一次开始前让小组自行决定用多少时间。老师只需问"是否可以更快？"即可。

写下你参加这次活动后的体会和感悟。

___

信息窗——"大开眼界"

团队中"执行力"的重要性及培养方法

无论是求职，还是已经身处职场，我们都会经常听企业提到"执行力"一词。一个优秀的团队都要求员工有很强的执行力，执行力强的员工是每个企业都非常喜欢的。可是如果我们自身的执行力差怎么办呢？有没有什么方法可以提升一下自身的执行力呢？执行力绝对是一项可以通过后天培养的能力，下面就谈一谈执行力的培养方法。

一、摆正心态

首先，要摆正自己的心态。执行力是一项非常有益的能力，无论是对公司还是对个人的生活。我们是主动地去培养这项能力，而不仅仅是为了企业的要求而去刻意执行，在生活中又是一副拖延的样子。

所以，用心去改掉自己爱拖延的坏毛病，提升自己的执行力。

二、列举出自身的缺点（相对于执行力）

找出一张纸，列举出自身相对于执行力的一些缺点，而且，让身边的朋友也写这样一份清单，与你自己写的对照一下，因为有时候自己看自己会很宽容，朋友会"旁观者清"的，更能贴近你的真实情况。

这些都是提升自身执行力的拦路虎，要一一去克服它们。

三、制定一项作息计划

制定一个作息计划或者是运动计划，然后严格地去执行，无论遇到什么特殊情况。这是在身体上让你有一个意识，就是制定计划后一定要执行到底，得出结果，让身体的生物钟去影响你的思维。

四、一次只做一件事

每天工作或周末在家的时候，一个时间段内只做一件事情，无论有什么外界干扰因素，都不分心。例如你在写一篇文章，有人在群里说团购你想买的衣服之类的，要强迫自己不去看。

所以，要想有执行力，就必须能够禁得住诱惑。

五、重过程，更要结果

百科上对执行力的解释是：执行力是有效利用资源，保质保量达成目标的能力；是贯彻战略意图，完成预定目标的操作能力。

所以一件工作，不是单纯执行就行了，更重要的是执行过后要有结果。如果只有过程没有结果，你就是在做无用功，仅仅是一个听话办事的机器。

六、即时总结

执行力的另外一个非常重要的表现就是：即时总结。每件工作都有它自己的目标，执行过后都要总结一下目标的完成情况及其成果。

成功了，就是执行好；失败了，肯定有执行的问题或者不可抗力的因素。甚至在执行过程中，如果有意外情况发生，也要适时改变策略。

第四节　团队合作

学习目标

一、知识与能力

1. 能够理解和掌握团队合作的基础。
2. 能够理解和掌握团队合作的原则。

二、过程与方法

1. 能够通过合作树立团队合作意识。
2. 能够在活动中培养团队合作能力。

三、情感、态度和价值观

1. 能够在活动中体验信任的力量。
2. 能够理解如何在团队中实现自我价值。

案例导入

飞行的大雁

大雁有一种合作的本能,它们飞行时都呈 V 型。这些雁飞行时定期变换领导者,因为为首的雁在前面开路,能帮助它两边的雁形成局部的真空。科学家发现,雁以这种形式飞行,要比单独飞行多出 12% 的距离。

合作可以产生"1+1>2"的倍增效果。据统计,诺贝尔获奖项目中,协作获奖的占三分之二以上。在诺贝尔奖设立的前 25 年,合作奖占 41%,而现在则跃居 80%。

启示:分工合作正成为一种潮流,被更多的管理者所提倡。如果我们能把复杂的事情变得简单，把简单的事情变得很容易，我们做事的效率就会倍增。合作，就是简单化、专业化、标准化的一个关键，世界正逐步向简单化、专业化、标准化发展，于是合作的方式就理所当然地成为了这个时代的产物。

一个由相互联系、相互制约的若干部分组成的整体，经过优化设计后，整体功能能够大于部分之和，产生"1+1>2"的效果。

任务一 收集团队合作的名言警句和故事

任务详情：以学习团队为单位收集关于团队合作的名言警句和故事，记录下分工和成员完成情况。汇总展示团队成果，参与班级评比。

一、团队合作的定义

团队合作指的是一群有能力、有信念的人在特定的团队中，为了一个共同的目标相互支持、合作奋斗的过程。团队合作是一种为达到既定目标所显现出来的自愿合作和协同努力的精神。它可以调动团队成员的所有资源和才智，并且会自动地驱除所有不和谐和不公正现象，同时会给予那些诚心、大公无私的奉献者适当的回报。

二、团队合作的基础

1. 真诚

真诚是人与人相处合作的基础。真诚即真实诚恳。真诚的人会真心实意、坦诚待人，从心底感动他人。只有真诚相待，才可以赢得别人的信任。

曾国藩先生曾经给"诚"下过定义：一念不生是谓诚，故"诚于中，必能形于外"。真诚在内心就是纯净无染，表现于外就是真实不虚、率真自然；如此则自然心怀坦荡正直无私。因此，真诚的心就像阳光雨露般能温暖人心、净化心灵。

诚是立身处世的不二法门，其力量无远弗届，源源不绝。任何对立与冲突，都能在真诚的言行中化解；任何怨恨不满，都能在真诚的关怀中消融；任何困顿厌倦，都能在真诚的互爱中消逝；任何猜忌误会，都能在真诚的交流中圆解。故"真诚"是人立身处事成败的关键。

真诚是内心的自然流露，不是靠技巧所能获得的。身体姿势、目光、声音、语调等都可以表达真诚。真诚建立在对人的乐观看法、对人有基本的信任、对人充满关切和爱护的基础上。真诚同时也建立在接纳自己、自信谦和的基础上。

2. 信任

人无信不立，没有信任就没有合作。信任建立在开诚布公、真诚相待的基础上。团队合作中信任表现在两个方面：你是否信任别人？你是否被别人信任？没有信任，团队合作无从谈起。

信任是一种心态。不少人理解信任的时候，都是把核心放在被信任者身上，无论功过皆是"他"的原因。其实信任跟自己有关。我们都知道诸葛亮七擒孟获的故事，孟获数次言而无信，到后来竟然蛮不讲理。如果按照信任取决于对方的逻辑，孟获就是个大骗子，绝不可信，可是诸葛亮却相信他最终会诚心归降，不怕多次放虎归山。诸葛亮的信任与孟获的表现有什么关系？如果讲有关系，孟获的食言只能让诸葛亮更加不信任，可他还是对孟获的归降深信不疑。每一次释放孟获，诸葛亮的信任与"我相信"有关，与孟获留给他的印象毫不相干。"我信任你"，是"我"信任"你"，主动权在"我"身上，"你"的表现动摇不了"我"的信任。人们互相信任是因为创造，人们敢于信任是基于心中的无惧，信任的表现方式是放弃控制。

当人们被信任并清晰他人对自己的期望时，就会尽力达成别人的期望，而且经常有超值回报的表现和成果。信任就像发动机，在被信任者心中熊熊燃烧，推动他主动地去投入。不信任的特点是控制，不敢相信别人是因为内心没有安全感。不安全感令人产生恐惧，一旦恐惧超过了自信，不信任便产生了。所以，信任别人是相信自己的结果。诸葛亮信任孟获，本质上是他高度自信。他不怕被骗，不会因为孟获骗他而受伤，他没有恐惧感，相反，他志在必得，相信有能力再次擒获孟获，相信最终会感动孟获。不信任他人的人，本质上是不相信自己，是被自己内心的恐惧感所征服，是以一种消极而保守的方式来获得安全、克服恐惧。所以说，信任是"我"信任，主动权在"我"。无惧是信任的外在表现，只有你对自己有足够的把握，只有你内心没恐惧，你才会通过信任创造出新的可能。

信任不等于一定要做什么。信任取决于自己，只有自己才能决定是否信任，决定因为什么理由而信任。看透了信任的本质之后，人就可以自由选择了。自由选择后，人就从被动到主动，就会感到无比的轻松，信任应该是一次快乐的心路旅行。

3. 尊重

尊重古语是指将对方视为比自己地位高而必须重视的心态及其言行，现在已逐渐引申为平等相待的心态及其言行，即无条件承认并接受对方所拥有的一切，不因自己的好恶而挑剔、指责和论断。

人人都需要尊重，需要他人的鼓励、欣赏和肯定。互相尊重才能长久合作。尊重他人的话语权，尊重他人与自己不同，各方是一种平等的关系。

尊重他人的人一定是一个平等友善的人。人与人合作的前提是平等。心存自大或心存自卑都是合作的大忌。

尊重他人的人也会是一个善于体谅他人的人。体谅就是承认人的差别，站在别人的角度考虑问题，多为他人着想。善于体谅他人的人，通常能跟他人建立良好的合作关系，使双方感到温暖和信任，沟通顺利，进而达成共识。

4. 付出

人人都喜欢与乐于付出的人合作。如果一个人一味地索取，别人就会离他远去。付出是人类带给别人和自己最大的礼物。在付出中体会到的不仅仅是团队的生机和活力，还有一份做人的快感和满足。

付出是一种为对方考虑的真心，是一种开放的心态。例如，公司有职员另谋高就，老板很真诚地说："我尊重你的选择，支持你去做自己想做的事，如果你想回来，随时欢迎。"有些老板不仅将渴望创业的职员扶上马，还帮助他快马扬鞭，送上一程。在老板的心中，考虑的不是我能得到什么好处，而是对方的发展和前景，这就是付出。付出，是不计较自己的得失，付出也不会要求物质上的回报。

付出是"无我"的状态，一旦"有我"那就不是付出，而是索取。"我对他那么好，他却不对我好"的抱怨，表面看有道理，因为他的确付出了——对别人很好；本质上又不是付出，因为他对别人好的目的是索取——对方也要对我好。真正的付出，不能将付出本身作为条件，不能以此去兑换他人的情感和财物，否则，付出是假，索取是真。

付出的直接收获是精神上的愉悦。付出的内容和形式千差万别，但付出的人在付出的时刻都是开心的，内心充满喜悦的。因为付出的人把焦点放在对方的身上，想让对方好上加好，每当看到对方些许进步，付出的人喜不自禁。付出所产生的作用是成全别人、喜悦自己。付出赋予人幸福和快乐。人与人之间的付出符合这样的逻辑：我想你快乐，你快乐我也快乐。用一句话来概括，付出是快乐着他人的快乐，最终快乐着自己的快乐。

索取，是一个事事为我的封闭心态。体现在三个方面：一是做任何事情的出发点是满足"我"的需要，对方提供的满足稍有欠缺，就开始指责和埋怨；二是"我"的需求永无止境，哪怕得到了很多却依然是不够的；三是"我"有能量，但我不愿意拿出来，即使拿出来也必须先清楚我将得到什么。

索取的焦点是"自己"，是"你能给我做什么"的思考方式，对方所有的努力应该是为了自己。付出的思考起点是"他人"，凡事为别人考虑，善于成就他人。索取是把"我"放在心中，付出是把"你"放在心中。付出不一定是要拿出什么物质上的东西，无论人们是否在做事情，无论人们在做什么事情，心态在"你"，就是付出，心态在"我"，就是索取。

一个人倾其所有帮助别人，有可能是付出，也有可能是索取。其中的分别不是他拿东西帮助别人这个动作，而是他站在什么角度去做这件事，他的焦点在哪里，如果他这样做的出发点完全是考虑对方，那他就是在付出。如果他的焦点是想通过帮助对方让自己得到某种好处，那他就是在索取。

三、团队合作的原则

1. 尊重信任

尊重信任既是团队合作的基础，也是团队合作的原则。没有尊重信任，团队合作无从谈起，没有尊重信任，团队合作也无法继续。

团队合作中，尊重他人很重要的是不以自己的意志为交换准则，不以自己的意志代替他人的意志。尊重团队每个人的发言权，尊重每个人的思想、观念、经历、好恶等与自己不同。如果大家对尊重的理解不一致，很有可能就无意中踩线而产生不尊重，因此要把彼此对尊重的理解和标准通过沟通表达出来，这本身就是对双方的尊重。尊重不是放弃，如果把所有决定权交给别人，是对自己的不尊重，在这个基础上不可能实现合作共赢。尊重他人，就不会强迫他人，尊重自己，就不会把自己变成依附。

团队中的尊重，还表现在懂得欣赏鼓励肯定他人。法国哲学家罗西法古曾说过："如果你要得到仇人，就表现得比你的仇人优越；如果你要得到朋友，就要让你的朋友表现得比你优越。"当我们让朋友表现得比我们还优越时，他们就会有一种被肯定的感觉；但是当我们表现得比他们还优越时，他们就会产生一种自卑感，甚至对我们产生敌视情绪。因为谁都在自觉不自觉地强烈维护着自己的形象和尊严。所以，要学会谦虚谨慎，这样我们才会受到别人的欢迎。

主动倾听是团队培养互相尊重氛围的简易方法。团队决策时要尊重每个人的话语权，做到科学民主。团队是一个整体，需要协调一致的行动，但每个团队成员的优势不同，所处位置不同，观察问题的角度不同，对同一事物产生的看法也会不同，甚至存在较大差异。这就要求团队成员充分发扬民主，把意见摆在桌面上来，采取科学的方法，进行全面的分析，集思广益，求同存异，达成一致，做出科学的统一的决策。

团队合作中信任同样很重要。信任能有效降低合作的成本。在一个团队中，信任能够减少和避免因猜疑带来的内耗，能够增强企业的凝聚力，信任也是润滑剂，使得团队之间的沟通更加顺畅，上下更加齐心。

信任的价值是创造，信任可以创造出崭新的局面，可以开创出合作渠道和新的生活模式，可以开创出更有效的方式，创造一种新的关系，创造出远远大于个人能量的团队张力。

信任别人的人，从"我"开始建立信任。他们对人的信任起点是100%，放弃控制，完全信任，相信对方能够把事情办好，相信对方会全力以赴，相信无论发生什么自己都有能力解决。如果你不愿意信任别人，你就失去了很多可能性。你信任了别人，你才能赢。

缺乏信任的团队，成员之间只会互相戒备，不愿意接受团队成员的批评，也不敢暴露自己的不足。缺乏信任的团队会出现两种情况，一种是格外的谨慎，任何人做事情都会先想到保护自己，不会轻易地做有风险的尝试，团队的创造力沉闷、效率低下。另一种情况就是队员对一切都充满怀疑，团队文化弥漫着无形的硝烟，久而久之会产生破坏的倾向。没有信任，团队成员会缩回到他们情感保护的外壳之中，就像一只乌龟，只要有一点动静，只要感到半分威胁，就毫不犹豫地把头缩进肚子里。缺乏信任的团队领导，一定是集多种角色于一身苦命而劳累的：决策优柔寡断，做事畏首畏尾，凡事亲力亲为，用人谨小慎微。所以，有魄力的领导，在以百分之百的信任开局后，如果对方屡次表现不佳，他就会将百分比降低，以规避用人及经营的风险。

2. 遵守承诺

遵守承诺，是诚信的表现。人无信不立，在团队合作中，既要敢于承诺，又要重视承诺、兑现承诺。

实现承诺的方法是聚焦目标。兑现承诺的干扰很多，比如拖延的习惯，"没关系，对方不会在意"的自我安慰，"这件事不重要"的自我判断，等等。如果不排除干扰，承诺就难以兑现，最终留给别人的是遗憾和不快，留给自己的是内心的愧疚和信用的衰减。实现承诺一定要聚焦，如果我们不想做一个没有信用的人，就把焦点放在承诺的目标上，排除所有干扰，漂亮地兑现诺言。当宣言一个目标后，一言既出，驷马难追，将心思和精力集中在目标上，在宣言的期限内达到，这才是真正的一诺千金。所以，承诺是一种自律，别人相信你的承诺是基于对你的诚信。愿意承诺的人一定是很自律的人，愿意用承诺的内容来要求自己。任何承诺看起来是对别人承诺，本质上还是在为自己承诺，承诺于自己的自律。

3. 积极沟通

每个人与他人的知识、能力、经历各不相同，这造成了每个人在对待和处理问题时，会产生不同的想法，人和人之间的差异不可避免。那么团队合作如何达成共识？有不同意见怎么办？沟通交流是协调的开始，团队合作离不开积极的沟通，积极的沟通贯穿于团队合作的始终。

团队是否高效，取决于沟通是否有效和有价值。沟通过程中至关重要的是沟通的出发点。沟通的关键不是你说了什么，而是对方听到了什么。对方不是根据你说的内容，而是根据他听到的内容来决定是否接受你的沟通。如果对方不接受，就会抗拒。同样的内容，经过不同的人说出来就可能产生不同的效果，微妙之处是说话者的出发点。出发点包含在表述方式、语气和神态等沟通形式之中。

与别人沟通前，先进行自我沟通，可以增加沟通的有效性。自我沟通，就是对自己的沟通确定方向，包括清楚明白自己沟通的目的和心态。心态和目的定位好后出发点就不会出现偏差。在沟通的过程中也要从对方的反应中照镜子，看看沟通是不是按照定向的目标和心态进行。

有效沟通有三个指标：准确性、实时性和效率。实时性和效率的达成依靠及时的沟通，有问题要在第一时间跟当事人沟通。沟通的效率需要有一种状态，如果在状态之中，接受速度会比平时要快。在事情发生的当下，在对方有体验的那一刻将沟通的内容说出来，更容易引起对方内心的共鸣。

沟通一种价值比沟通一种内容更容易让人接受。领导对下属说："你一定要完成目标"，这是在沟通内容。领导换一种沟通方式，与下属探讨完成目标对他有什么价值，效果就会不一样，下属可能因此从被动变为主动，积极性和表现都会提高。沟通价值与沟通内容往往不是沟通目的的不同，而是出发点的差别，突出内容的沟通，说的是"我"怎么样，重在自己。突出价值的沟通，说的是"你"将如何，这个将给"你"带来什么，重在对方。沟通的方式很多，但目的只有一个，就是准确、及时而无误地让所有人接受到行动的指令。

辨别团队沟通中的误区有助于提高沟通的有效性。误区一：认为沟通越多越好。沟通要简练适当，庸长的会议和无关的语言将给人带来心理上的疲惫和抗拒。误区二：认为沟通困难是产生组织问题的原因。其实恰恰相反，沟通困难常常是组织问题的症状和结果，因此要找出真相、辨明原因。误区三：用沟通来解释事情的某种倾向，比如以偏概全，然后把结论沟通出去。这是一种随意贴标签的行为，只能使事实混淆。消极的沟通将导致问题的产生，而不是有助于问题的解决，消极的沟通导致队员情绪低落，失去动力，而且在团队中蔓延，形成消极的团队气氛。

在沟通中有一点是很重要的，那就是"生命宝贵，时间有价"，别人为什么会花时间听你说话？沟通的信息发送者需要考虑这样一个问题：我的沟通能为别人带来什么？我的建议是为了对方的利益吗？

4. 彼此负责

团队合作需要队员之间彼此负责任。发生任何事情，不抱怨，不指责，而是以一种负责任的态度去对待，团队是我，我是团队，时常想的是我能为团队做什么？

优秀的团队不需要领导提醒团队成员竭尽全力工作，因为队员很清楚需要做什么，他们会彼此提醒注意那些无助于成功的行为和活动。而不够优秀的团队一般对于不可接受的行为采取向领导汇报的方式，甚至更恶劣，比如在背后说闲话。这些行为不仅破坏团队的士气，而且让那些本来容易解决的问题迟迟得不到办理。

工作失误后，抱着负责任的心态，就会积极主动地寻找解决办法，而不是纠缠于对错，也不会成为受害者，不会心生怒气、互相指责。当人们说"这不关我的事"

那一刻，是在否定自己的存在，否定自己的重要性。推卸责任的人，已经在心中让别人打倒了自己。对一切负责任的人，不会受害于他人和外界环境，而是以主动的姿态，令外界感受到其内在的负责任之心和无法抗拒的影响力。失败者寻找借口，成功者自己负责任。如果团队有人做错了事，其他队员可以为他的行为负什么责任？可以负的责任就是发挥自己的影响力，让他知道这件事的重要性，下一次不再做错。

5. 达成一致

团队的行动，要建立在思想统一达成一致的基础上。如果思想上没有达成一致，就不可能有一致的行动，更不可能有同心协力的高效。各人的想法各不相同，有不同意见怎么办？这就需要通过积极的沟通，建立团队共同的行为规范。团队达成一致，也是对每一个队员权利的尊重。只有尊重每一个队员，才可能调动所有人的积极性、主动性，才能创造出"1+1>2"的团队合力。

在团队合作中，不要害怕冲突，良性的冲突对团队的发展起着积极的作用。很多管理者采取各种措施避免团队中的冲突，因为他们担心自己会丧失对团队的控制，以及有些人的自尊会在冲突过程中受到伤害；有些人把冲突当作浪费时间，他们更愿意缩短会议和讨论时间，果断做出自己看来早晚会被采纳的决定，留出更多时间来实施决策，以及其他他们认为是"真正的"工作。这些做法其实是扼杀建设性的冲突，将需要解决的重大问题掩盖起来。久而久之，这些未解决的问题会变得更加棘手，而管理者也会因为这些不断重复发生的问题而越来越恼火。领导者和团队需要做的是学会识别虚假的和谐，引导和鼓励适当的、建设性的冲突。如果一个团队没有鼓励建设性的和没有戒备的冲突，就不可能学会决策。这是因为只有当团队成员彼此之间热烈地、不设防地争论，直率地说出自己的想法，领导才可能有信心做出充分集中集体智慧的决策。需要强调的是：如果没有信任，行动和冲突都不可能存在。

6. 高效行动

在目标和成果之间有一个重要的转换器——行动。任何好的想法，只有通过行动才能够变为现实。高效行动就是要在单位时间内创造最大价值。团队决策制定后，就要抓落实，全力以赴，立即行动。策略可以商讨，目标也可以探讨，不管你是否反对该项决议，是否保留自己的态度，但是一旦决定要执行，执行就是没有任何讨价还价的余地，是一个彻底而坚定的过程，就像古人所说的："军中无戏言"，"令出如山倒"。能否在规定的时间内保质保量地完成任务，是考核团队的重要指标。

一个快速有效的行动，来源于细致周密的目标计划。首先是清晰愿景，真正想要的是什么？想要达到的目标是什么？其次是制定目标、行动和成果的关联图。第三步是排列优先顺序，此时将焦点放在行动上，在一连串的行动项目中确定启动的先后顺序。第四步是明确时间性，将目标、行动和成果赋予明确的时间，设定一个截止日期。第五步可以制定更为详尽的目标、行动和成果的关联图，比如制定一周的行动计划。执行就是将上面所制定的关联图，按照先后顺序和设定的时间一步步地完成。执行力如何可以用关联图来检视：完成的程度越高，执行力就越强，相反就是执行不力。

当然，不去实践的人是谈不上执行力的，运用激励和挑战的方法可以促进对方的行动。激励的目的是协助对方发掘自己的优势和潜能，激发对方完成任务的意愿，肯定他所创造的成果，增强他去完成任务的自信和动力；挑战的目的是支持对方突破自己的限制，发掘更多的可能性，挑战对方比预期做得更好。

团队的执行力不强，主要有几个方面的表现：第一，在执行决策方案的过程中，标准逐渐降低，越到后面就越远离原定的标准；第二，执行计划的过程中经常出现延误，有些工作甚至不了了之，严重影响了计划的进度；第三，在执行政策的过程中随意性很大，执行的力度越来越小，甚至虎头蛇尾，没有成效。执行力不强是团队的"软肋"。执行力低下的原因很多，总结起来有几个主要因素：领导者只重策略，不重执行；领导者朝令夕改，员工无所适从；制度设计繁琐，无法可依；流程复杂，造成策略衰减和变异；员工缺乏能力，无法执行；奖惩不分明，执法不严；缺乏监督机制，违者不究；对执行力的评估缺位；没有建立执行力文化。

团队能够获得一个好的发展，因素是多方面的，但是有一个普遍的共识就是需要所有成员的努力行动。

四、团队合作能力评价

团队合作能力等级（1）	1. 尊重其他团队成员，努力使自己融入团队之中； 2. 将个人努力与实现团队目标结合起来，完成自己在团队中的任务，以实际工作支持团队的决定，成为可靠的团队成员； 3. 为完成工作和团队成员进行非正式的讨论，在团队决策时提出自己的建议及理由，尊重、认同上级认为是重要的事情并执行其相关决策； 4. 作为团队一员，随时告知其他成员有关团队活动、个人行动和重要的事件，共享有关的信息； 5. 认识到团队成员的不同特点，并且把它作为可以接触、学习知识与获取信息的机会。
团队合作能力等级（2）	1. 根据工作需要组建小型团队，营造开放、包容和互相支持的气氛，加强集体向心力； 2. 为团队成员示范所期望的行为，并采用各种方式来提高团队的士气和改进团队的工作效率。确保团队任务的及时完成； 3. 明确有碍于达成团队目标的因素，并试图排除这些障碍； 4. 鼓励团队成员参加团队讨论与团队决定，倡导团队内部的沟通和合作，以推进团队目标设定与问题的解决； 5. 指导其他成员的工作，对其他团队成员的能力和贡献抱着积极的态度，用积极的口吻评价团队成员； 6. 能够利用正式或非正式的沟通渠道及现有的信息系统在团队内部进行知识和信息的交流与共享。
团队合作能力等级（3）	1. 根据组织的战略目标来确定团队建设的目标、规模及责任，在全体团队成员中促成理解、达成共识，并得以贯彻实施； 2. 确保团队的需要得到满足，为团队争取所需要的各种资源，如人力、物力、财力或有关信息等； 3. 确保团队成员之间能力和知识的互补，在分配团队任务的时候，既照顾到员工的发展，又能实现团队的目标； 4. 化解团队中的冲突，维护和加强团队的名誉； 5. 通过团队内有效合作及适当的竞争提高团队的整体绩效。
团队合作能力等级（4）	1. 具有个人魅力和领导气质，能够指出组织或团队的发展方向和目标，使团队成员充满工作激情，愿意为团队目标的实现竭尽全力； 2. 对团队成员有全面的认识，有效地应用群体运作机制，从而引导一个群体实现团队目标； 3. 有目的地创建互相依赖的团体合作精神，在团队间合理有效地调配资源，加强不同目标和背景的团队之间的配合，以促成组织整体业务目标的实现； 4. 采取行动在组织中营造精诚合作与公平竞争的氛围； 5. 通过各种手段，如设计团队标志等，塑造健康优秀的团队形象，使组织或团队能被外界或有关组织认同和推崇。

任务二　能力训练

一、案例分析

1. 下面案例对你有什么启发？

一个外企招聘白领职员，吸引了不少人前去应聘。应聘者中有本科生，也有研究生，他们头脑聪明、博学多才，是同龄人中的佼佼者。聪明的董事长知道，这些学生有渊博的知识做后盾，书本上的知识是难不倒他们的，于是，公司人事部就策划了一个别开生面的招聘会。

招聘开始了，董事长让前六名应聘者一起进来，然后发了15元钱，让他们去街上吃饭。并且要求，必须保证每个人都要吃到饭，不能有一个人挨饿。饭的价格不高，但是每份最低也得3元。他们一合计，照这样的价格，六个人一共需要18元，可是现在手里只有15元，无法保证每人一份。于是，他们垂头丧气地出了餐厅。回到公司，董事长问明情况后摇了摇头，说："真的对不起，你们虽然都很有学问，但是都不适合在这个公司工作。"

其中一人不服气地问道："15元钱怎么能保证六个人全都吃上饭？"董事长笑了笑说："我已经去过那家餐厅了，如果五个或五个以上的人去吃饭，餐厅就会免费加送一份。而你们是六个人，如果一起去吃的话，可以得到一份免费的午餐，可是你们每个人只想到自己，从没有想到凝聚起来成为一个团队。这只能说明一个问题，你们都是以自我为中心、没有一点团队合作精神的人。而缺少团队合作精神的公司，又有什么发展前途呢？"听闻此话，六名大学生顿时哑口无言。

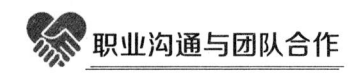

2. 下面案例中拥有最豪华阵容的湖人队为什么没有取胜？对你有什么启示？

2004年6月，拥有NBA历史上最豪华阵容的湖人队在总决赛中的对手是14年来第一次闯入总决赛的东部球队活塞队。赛前，很少有人会相信活塞队能够坚持到第七场。从球队的人员结构来看，科比、奥尼尔、马龙、佩顿，湖人队是一个由巨星组成的"超级团队"，每一个位置上的成员几乎都是全联盟最优秀的，再加上由传奇教练菲尔·杰克逊对其的整合，在许多人眼中，这是20年来NBA历史上最强大的一支球队，要在总决赛中将其战胜只存在理论上的可能性，更何况对手是一支缺乏大牌明星的平民球队。

然而，最终的结果却出乎所有人的意料，湖人队几乎没有做多少抵抗便以1:4败下阵来。湖人队的失败有其理由：OK组合相互争风吃醋，都觉得自己才是球队的领袖，在比赛中单打独斗，全然没有配合；而马龙和佩顿只是冲着总冠军戒指而来的，根本就无法融入整个团队，也无法完全发挥其作用，湖人队如同一盘散沙，其战斗力自然也就会大打折扣。

明星员工的内耗和冲突往往会使整个团队变得平庸，在这种情况下，1+1不仅不会大于或等于2，甚至还会小于2。

二、自我反省

自我反省是个人成长的重要动力。请认真思考回答下面的问题，真诚地反省自己。

1. 你愿意与什么样的人一起合作？尽可能多地写出这种人的特质。

2. 你是这样的人吗？你还需要做哪些努力？

三、活动训练

活动一　信任之旅

活动介绍：

设计理念：

团体户外拓展运动，旨在学生参与、感受盲人和聋哑人的世界，并通过相互之间的帮助增加相互信任，共同完成自己的目标。

活动目标：

1. 感受盲人和聋哑人的世界，使学生了解换位思考的重要性。

2. 通过助人与受助的经验，增加对他人的信任与接纳，充分领会团结合作的真谛。

活动地点：

室外最好有上坡、下坡、拐弯且有树木等障碍的地方，也可设置绳索、呼啦圈等人为障碍。但要避免一些安全隐患。

活动准备：

眼罩（毛巾、头巾、布条皆可）。

活动流程：

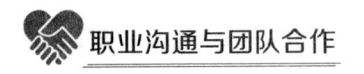

活动步骤：

1. 结对。全体成员两人一组，一位做探索者"盲人"，一位做引导者"聋哑人"。

2. 盲行。"盲人"蒙上眼睛，原地转三圈，暂时失去方向感。然后在"聋哑人"的搀扶下，沿着规定的路线，进入信任旅途。其间"盲人"可以讲话，表达感受与需求，但是聋哑人要装着没听见也不能讲话，只能凭观察和感觉用手势、动作帮助"盲人"。

3. 角色互换。"盲人"和"聋哑人"相互交换角色，按刚才的规则再进行一次（行进路线可做微调）。

4. 分享。待所有组到达目的地后，全体人员坐下交流当"盲人"和"聋哑人"的感受，并在团体内作简短分享。

讨论分享：

1. 对于"盲人"，你看不见后是什么感觉，使你想起什么？你对你的伙伴的帮助是否满意，为什么？你对自己或他人有什么新发现？

_____
_____
_____
_____
_____
_____

2. 对于助人者，你怎样理解你的伙伴？你是怎样想方设法帮助他的？这使你想起什么？

_____
_____
_____
_____
_____
_____
_____

3. 在整个活动中，你对自己和别人有些什么新的发现？有什么样新的学习？这些新的发现和学习对于你未来的生活有什么帮助？

_____
_____
_____
_____
_____
_____

活动二 赢得客户

材料：小绒毛玩具、乒乓球、小塑料方块各1个。

场地：室内外约10平方米的空间。

活动目的：

1. 让同学体会团队共同合作完成任务时的合作精神。
2. 让同学体会团队是如何选择计划方案以及如何发挥所有人的长处的。
3. 让同学感受团队的创造力。

操作程序：

1. 将同学分成小组，每组不少于8人，以10~12人为最佳。
2. 让同学站成1个大圆圈，选其中的1个同学作为起点。
3. 老师说明：我们每个小组是一个公司，现在我们公司来一位"客户"（即绒毛玩具、乒乓球等）。它要在我们公司的各个部门都看一看，我们大家一定要接待好这个客户，不能让客户掉到地下，一旦掉到地下，客户就会很生气，同时游戏结束。
4. "客户"巡回规则如下：

(1) "客户"必须经过每个团队成员的手游戏才算完成。

(2) 每个团队成员不能将"客户"传到相邻的同学手中。

(3) 老师将"客户"交给第一位同学，同时开始计时。

(4) 最后到拿"客户"的同学将"客户"拿给老师，游戏计时结束。

(5) 3个或3个以上的同学不能同时接触客户。

(6) 同学的目标是求速度最快化。

5. 老师用一个"客户"让学员做一个练习，熟悉游戏规则。

6. 真正开始后，老师依次将3个"客户"从包中拿出来递给第一位同学，所有

"客户"都被最后一位同学传回讲师手中时游戏结束。

＊此游戏可根据需要进行3至4次，每一次开始前让小组自行决定用多少时间。讲师只需问"是否可以更快"即可。

7. 游戏后交流

讨论分享：

(1) 在刚才的活动中，哪些方面你们对自己感到满意？哪些方面觉得需要改进？

(2) 这次活动让你们有什么体会？

活动三　人体多米诺

活动介绍：

团队所有成员围成一个大圆，在不借助椅子的前提下，全部坐下来（不接触地面），并达成一个大团队的平衡。

活动目标：

1. 共同体验——团队之间只有相互支持、彼此奉献才能获得成功，才能完成本以为不可能完成的事情。团队的成功是建立在每一个环节、每一个成员都成功的基础之上，是一个相互依存、相互支持的整体。要想团队成功，必须自己首先成功，你和你团队的竞争力源自于你不可替代的价值等。

2. 初步建立相互之间的信任

3. 以开放的心态相互了解，打破沟通障碍

4. 创造轻松愉快的气氛

讨论分享：

通过刚才的活动，你学到了什么？悟到了什么？对你的学习生活有什么帮助？

_____
_____
_____
_____
_____
_____
_____

信息窗——"大开眼界"

名人谈团队合作

30%的人永远不可能相信你。不要让你的同事为你干活，而让我们的同事为我们的目标干活，共同努力，团结在一个共同的目标下面，就要比团结在你一个企业家底下容易得多。所以首先要说服大家认同共同的理想，而不是让大家来为你干活。

——马云

IBM需要的，就是像野雁这样能独立作业又能团队合作的人。　　——许朱胜

不管努力的目标是什么，不管他干什么，单枪匹马总是没有力量的。合群永远是一切善良思想的人的最高需要。

——德·歌德

对团队合作的认识误区——"个性"是团队的天敌

对于多数管理专家而言，《西游记》中的唐僧师徒组合不能算是一个合格的团队：其团队成员要么个性鲜明，优点或缺点过于突出，实在难以管理；要么缺乏主见，默默无闻，实在过于平庸。但就是这么一群对团队精神一窍不通的"乌合之众"、"个性"突出的典型人物组合在一起，克服了常人难以想象的种种困难，最终

却完成任务取回了真经！真是让人大跌眼镜！

其实，换个角度来看，"个性"也许并不是那么可怕：

作为团队领导人和协调者的唐僧，虽然处事缺乏果断和精明，但对于团队目标抱有坚定信念，以博爱和仁慈之心在取经途中不断地教诲和感化着众位徒弟。

队中明星员工孙悟空是一个不稳定因素：虽然能力高超，交际广阔，嫉恶如仇，但桀骜不逊，喜欢单打独斗。最重要的一点是他对团队成员有着难以割舍的深厚感情，同时有一颗不屈不挠的心，为达成取经的目标愿意付出任何代价。

也许很少有人会意识到，猪八戒对于团队内部承上启下起着多么重要的作用，他的个性随和健谈，是唐僧和孙悟空这对固执师徒之间最好的"润滑剂"和沟通桥梁，虽然好吃懒做的性格经常使他成为挨骂的对象，但他从不会因此心怀怨恨。

至于沙僧，每个团队都不能缺少这类员工，脏活累活全包，并且任劳任怨，还从不争功，是领导的忠实追随者，起着保持团队稳定的基石作用。

每个团队成员都会有个性，这是无法也无需改变的，而团队的艺术就在于如何发掘组织成员的优缺点，根据其个性和特长合理安排工作岗位，使其达到互补的效果。

GE公司前执行总裁杰克·韦尔奇曾经提出过一个"运动团队"的概念，其中很重要的一点就是团队的每一个成员都干着与别的成员不同的事情，团队要区别对待每一个成员，通过精心设计和相应的培训使每一个成员的个性特长能够不断地得到发展并发挥出来。高效的团队是由一群有能力的成员所组成的，他们具备实现理想目标所必须的技术和能力，而且有相互之间能够良好合作的个性品质，从而出色地完成任务。

但遗憾的是，多数团队的管理者并不乐于鼓励其成员彰显个性；相反地，他们会要求属下削弱自我意识，尽量与团队达成一致，在个体适应团队的过程中所丧失的不仅仅是个体的独立性，同时也失去了创造力，许多天才和有创意的想法就这样被抹杀，而这恰恰是企业是否能够获得成功的关键所在！

如果仔细研究那些成功的创业团队，我们会发现这些团队的个体无一例外都具有非常鲜明的人格个性，他们各自发挥自己的才华，相互结合，从而有力地推动着创业进程。

第二篇 认识沟通 跨越障碍

认知篇

> 假如人际沟通能力也是同糖或咖啡一样的商品的话，我愿意付出比太阳底下任何东西都珍贵的价格购买这种能力。
>
> ——石油大王洛克菲勒

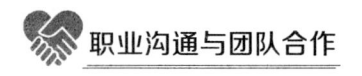

任务目标

一、知识与能力

1. 能够理解并复述人际沟通的重要性。
2. 能够理解并复述有效沟通的三个条件。

二、过程与方法

1. 能够在沟通前做好相关准备。
2. 能够运用人际沟通的黄金法则和白金法则分析自己和他人的言行,解决沟通问题。
3. 能够理解并运用人际沟通的基本原则分析解决沟通问题。
4. 能够克服沟通中的自卑心理和嫉妒心理。

三、情感、态度和价值观

1. 能够树立通过沟通解决生活问题的意识。
2. 能够养成自觉提升情商和修养的意识和行为。
3. 能够培养感恩心、随喜心和包容心等积极的沟通心态。
4. 能够树立沟通中尊重理解他人、换位思考的意识。

第一节　认识沟通——沟通很重要

学习目标

一、知识与能力

1. 能够了解并复述沟通和人际沟通的内涵，认识到沟通是有目的的，沟通是双向的。
2. 能够判断区分不同的沟通类型。

二、过程与方法

1. 通过沟通能力测试了解自己，找到优势和不足，激发学习愿望。
2. 能够通过案例分析强化沟通意识。

三、情感、态度和价值观

能够感悟人际沟通的重要性，树立沟通无处不在的意识；强化本门课程的学习动机，初步树立通过及时主动的沟通去解决生活问题的意识。

案例导入

有三个人要被关进监狱三年，监狱长允许他们三个人每人提一个要求。

美国人爱抽雪茄，要了三箱雪茄。法国人最浪漫，要一个美丽的女子相伴。而犹太人说，他要一部与外界沟通的电话。

三年过后，第一个冲出来的是美国人，嘴里鼻孔里塞满了雪茄，大喊道："给我火，给我火！"原来他忘了要火了。

接着出来的是法国人。只见他手里抱着一个小孩，那个美丽的女子手里搀扶着一个小孩，肚子里还怀着第三个。

最后出来的是一位犹太人，他紧紧握住监狱长的手说："这三年来我每天与外界联系，我的生意不但没有停顿，反而增长200%，为了表示感谢，我送你一辆劳斯莱斯！"

思考：三个囚犯的不同结果说明了什么？对你有什么启发？

破冰活动：展示队长、队名、口号

5分钟时间小队成员沟通，然后各小队要全体上台展示自己的队长、队名、口号，一起喊："我们的队长是……，我们的队名是……，我们的口号是……"（要求小队展示注意仪容仪表、礼节礼貌，动作整齐、口号响亮，精神面貌高昂，体现小队创意，包括队形的排列、展示的手势等）

思考：同样的准备时间，为什么有的小队展示得很整齐，有的却比较混乱？跟沟通与合作有什么关系？

任务一　小组合作，画出本节课的思维导图

任务详情：要求小组全体成员共同参与，合作完成。用图画的形式表达出本课程的主要内容和要点。

每个人都想在和谐的环境中生活和工作，不愿意在充满仇恨、嫉妒、排挤的人际环境中生存。那么，怎样构建和谐的人际环境呢？我们的回答是靠良好的沟通！

每个人在社会中必然扮演着各种社会角色，而每个角色都要延伸一种人际关系。在这种复杂的人际关系中，我们每天都在进行着这样或那样的沟通，我们时时都面临着一个十分重要的问题："如何沟通？"比如：我某门课程的学习发生了学习障碍，想取得同学或者老师的帮助，怎样做才能使老师或学生热情地帮助自己度过难关呢？又比如，我想结交一个好的朋友，不知道怎样向对方表达自己的心意；我想成为别人喜欢的人，却不知道怎样做才能实现自己的心愿……

所有这些都离不开沟通，社会就是由人与人之间互相沟通所形成的网络。沟通渗透于人们的一切活动之中，人们已经习惯于生活在沟通的汪洋大海中，很难设想，要是没有沟通，人们该怎样生活。美国相关机构曾经对25名优秀的管理人员进行调查，发现他们有76%的工作时间是用于沟通的。在现代信息社会，人们对信息的搜索、加工和处理能力已经成为决定其职场竞争力的关键因素。你是一个善于沟通

的人吗？让我们一起来认识一下沟通。

一、沟通和人际沟通

所谓沟通，就是发送者与接收者之间，为了一定目的，运用一定符号所进行的信息传递与交流的过程。在沟通过程中，信息以怎样的方式被传送，又如何传递给接收者，接收者如何解读信息，信息最终以怎样的方式被理解，这都与沟通过程中主体的语言行为息息相关。沟通是一个双向动态的反馈过程。这种反馈并非一定要通过语言表现出来，接收者也可以通过其表情或目光、身体姿势等非语言形式将信息反馈给传递者，从而使发送者得知接收者是否接收与理解其所发出的信息，并了解接收者的感受。

所谓人际沟通，就是指人与人之间进行信息传递和情感交流的过程。通过人际沟通，人们彼此交流思想、观点、情感、态度和意见，从而达到交流信息、调节情绪、增进友谊、团队合作的目的。在现代社会中，人际沟通的广度和深度不仅是人们生活质量的重要体现，而且也是组织沟通、团队沟通的前提和基础。可以说，有效的管理都是通过有效的人际沟通来实现的。

二、人际沟通的种类

按照人际沟通的方法划分，可划分为语言沟通和非语言沟通。语言沟通包括口头沟通、书面沟通。口头沟通是指通过交谈、讲座、讨论会、电话等口头形式进行的沟通，优点是快速传递、快速反馈，信息量很大，缺点是传递中经过层次越多，信息失真越严重，核实越困难。书面沟通是通过文字等书面语言进行的沟通，包括报告、备忘录、信件、文件、期刊、布告等，其优点是持久、有形，可以核实，缺点是效率低、缺乏反馈。非语言沟通是指通过声音、体态、语调等非语言信息进行的沟通，其优点是信息意义十分明确，内涵丰富，含义隐含灵活，缺点是传递距离有限，界限模糊，只能意会，不能言传。为了提高沟通效果，常常需要多种沟通方式并用。

三、人际沟通的作用

沟通无处不在。一个人能够与他人准确、及时地沟通，才能建立起良好的人际关系，而且是牢固的、长久的，进而能够使得自己在事业上左右逢源、如虎添翼，最终取得成功。人与人的交流、沟通如果不顺畅，就不能将自己真实的想法告诉对方，就会引起误解或者闹笑话。

南方的孩子没见过雪，所以不知道雪是什么东西。老师说雪是纯白的，儿童就将雪想象成盐；老师说雪是冷的，儿童将雪想象成了冰淇淋；老师说雪是细细的，儿童就将雪想象成了沙子。最后，儿童在考试的时候，这样描述雪：雪是淡黄色、味道又冷又咸的沙。

人与人的交往，就是一个反复沟通的过程，沟通好了，就容易建立起良好的人际关系；沟通不好，闹点笑话倒没什么，但因此得罪人、失去朋友，就后悔莫及了。

有一个人请了甲、乙、丙、丁四个人吃饭，临近吃饭的时间了，丁迟迟未来。这个人着急了，一句话就顺口而出："该来的怎么还不来？"甲听到这话，不高兴了："看来我是不该来的？"于是就告辞了。这个人很后悔自己说错了话，连忙对乙、丙解释说："不该走的怎么走了？"乙心想："原来该走的是我。"于是也走了。这时候，丙对他说："你真不会说话，把客人都气走了。"那人辩解说："我说的又不是他们。"丙一听，心想："这里只剩我一个人了，原来是说我啊！"也生气地走了。

沟通作为一个重要的人际交往技巧，在日常生活中的运用非常广泛，其影响也很大。可以说，人际矛盾产生的原因，大多数都可归于沟通不畅。在国与国的交往中，特别强调"增加共识"，实际上就是多进行有效的沟通。还有，人最怕的就是被冤枉，冤枉是怎么产生的？不就是因为沟通不畅或者沟通错误吗？善于观察的人都知道，猫和狗是仇家，见面必掐。起因就是，阿猫阿狗们在沟通上出了点问题。摇尾摆臀是狗族示好的表示，而这种"身体语言"在猫儿们那里却是挑衅的意思；反之，猫儿们在表示友好时就会发出"呼噜呼噜"的声音，而这种声音在狗听来就是想打架的意思。阿猫阿狗本来都是好意，结果却是好心得不到好报，反而当作了驴肝肺。但从小生活在一起的猫狗就不会发生这样的对立，原因是彼此熟悉对方的行为语言含义。所以熟悉对方语言，进行有效沟通十分重要。

沃尔玛公司总裁沃尔顿说："如果你必须将沃尔玛管理体制浓缩成一种思想，那就是沟通。因为它是我们成功的真正关键之一。"现代社会，不善于沟通将失去许多机会，同时也将导致自己无法与别人的合作。你我都不是生活在孤岛上，只有与他人保持良好的合作，才能获取自己所需要的资源，才能获得成功。要知道，现实中所有的成功者都是擅长人际沟通、珍视人际沟通的人。

人际沟通除信息的传递外，还包括情感、思想、知识和经验等多方面的交流，它对于改善人际关系、调整和转变人的行为都具有十分重要的意义和作用。具体说来，人际沟通的作用主要表现在下述几个方面。

1. 人际沟通有助于增长知识，开阔视野，丰富经验

在人际沟通过程中，个体可从对方那里吸取对自己工作、学习和生活有意义、有价值的知识与经验，以别人的长处弥补自己的不足，借鉴别人的优势来改变自己的劣势，学习他人的成功经验，吸取他人的失败教训，以此扩充自己的知识积累，更好地提高自己对环境的适应能力。

2. 人际沟通有助于改善人际关系

有效的人际沟通可以把沟通双方的思想、情感、信息进行充分地、全方位地交换，从而达到增加共识、增进了解、联络感情的效果，有效改善人际关系。世界上最美的东西就是人与人之间的情感联结，而人与人之间的情感联结就是通过人际沟通来实现的。沟通的过程使积极的情感体验加深，使消极的情感体验减弱，从而使人际关系不断得以改善。

3. 人际沟通有助于自我定位

唐太宗说："以铜为镜，可以正衣冠；以史为镜，可以知兴替；以人为镜，可以明得失。"这句话，道出了人际沟通有助于认识自我、进行自我定位的作用和功能。因为，人在与他人的沟通过程中理解了别人的同时，也认识了别人眼中的自己。人们从他人对自己的反映、态度和评价中，发现自己的长处和短处，找到自己恰当的社会位置，为自我的设计、发展、完善创造了有利条件。离开了人际沟通，人就永远无法客观地认识他人，也无法真正地了解自己。

4. 人际沟通有助于心理健康

沟通与交往是人类最基本的社会需要之一。根据美国管理学家马斯洛的需求层次理论，每个人都有归属和社交的需要，通过彼此间的相互沟通和交往，可以诉说各人的喜怒哀乐，这样就增进了成员之间思想和情感的交流，促使其产生依恋之情。人际沟通有助于人的心理健康，正如有人所说的那样："当我们快乐时，把我们的快乐告诉朋友，会使快乐加倍；当我们痛苦时，把我们的痛苦告诉朋友，会使我们的痛苦减半。"

5. 人际沟通有助于提高团队的效率

人际沟通是组织管理的基础，离开了人际沟通，管理功能的发挥以及管理目标的实现是不可能的。良好的人际沟通能够把个人的知识、专长和经验融合在一起，更好地与他人合作，从而构建一个高效的工作团队，取得事业的成功。

总而言之，人际沟通关系到一个人的工作、家庭、个人成长和人生幸福的方方面面。不懂得沟通的人，将是一个一事无成而且非常不幸的人。

任务二　能力训练

一、沟通能力测试

你是一个善于沟通的人吗？通过下面的测试，你会对自己的沟通能力有所把握。

1. 你刚刚跳槽到一个新单位，面对陌生的环境，你会怎样做？

A. 主动向新同事了解单位的情况，并很快与新同事熟悉起来。

B. 先观察一段时间，逐渐接近与自己性格合得来的同事。

C. 不在意是否被新同事接受，只在业务上下功夫。

2. 你一个人随着旅游团去旅游，一路上你的表现是怎样的？

A. 既不请人帮忙，也不和人搭话，自己照顾自己。

B. 游到兴致处才和别人交谈几句，但也只限于同性。

C. 和所有人说笑、谈论，也参与他们的游戏。

3. 因为你在工作中的突出表现，领导想把你调到你从未接触过的岗位，而这个岗位你并不喜欢，你会怎样做？

A. 表明自己的态度，然后听从领导的安排。

B. 认为自己做不好，拒绝。

C. 欣然接受，有挑战才更有意义。

4. 你与好友的性格爱好颇为不同，当产生矛盾的时候，你怎么做？

A. 把问题暂且放在一边，寻找你们的共同点。

B. 妥协，假意服从。

C. 非弄明白谁是谁非不可。

5. 假设你是一个部门的主管，你的下属中有两人因为不合常到你面前互说坏话，你怎样处理？

A. 当着一个下属的面批评另一个下属。

B. 列举他们各自的长处，称赞他们，并说明这正是对方说的。

C. 表示你不想听他们说这些，让他们回去做事。

6. 你认为对于青春期的子女的教育方式应该是怎样的？

A. 经常发出警告，请老师协助。

B. 严加看管，限制交友，监听电话。

C. 朋友式对待，把自己的过去讲给孩子听，让他自己判断，并找些书来给他看。

7. 你有一个依赖性很强的朋友，经常打电话与你聊天，当你没有时间陪他的时候，你会怎样做？

A. 问他是否有重要事，如没有，告诉他你现在正忙，回头再打给他。

B. 马上告诉他你很忙，不能与他聊天。

C. 干脆不接电话。

8. 因为一次小小的失误，在同事间产生了不好的影响，你怎么办？

A. 走人，不再看他们的脸色。

B. 保持良好心态，寻找机会挽回影响。

C. 自怨自艾，与同事疏远。

9. 有人告诉你某某说过你坏话，你会怎样做？

A. 从此处处提防他，不与他来往。

B. 找他理论，同时揭他的短。

C. 有则改之，无则加勉，如果觉得他的能力比你强，则主动与他交往。

10. 看到与你同龄的人都已小有成就，而你尚未有骄人业绩，你的心态如何？

A. 人的能力有限，我已做了最大努力，可以说问心无愧了。

B. 我没有那样的机遇，否则……

C. 他们也没有什么真本领，不过是会溜须拍马。

11. 你虽然只是公司的一名普通员工，但你的责任心很强，你如何把自己的意见传达给最高领导？

A. 写一封匿名信给他。

B. 借送公文的机会，把你的建议写成报告一起送去。

C. 在全体员工大会上提出。

12. 在同学聚会上，你发现只有你还是个"白丁"（平民百姓），你的情绪会是怎样的？

A. 表面若无其事，实际心情不佳，兴趣全无。

B. 并无改变，像来时一样兴致勃勃，甚至和同学谈起自己的宏伟计划。

C. 一落千丈，只顾自己喝闷酒。

13. 在朋友的生日宴会上，你结识了朋友的同学，当你再次看见他时你会怎样做？

A. 匆匆打个招呼就过去了。

B. 一张口就叫出他的名字，并热情地与之交谈。

C. 聊了几句，并留下新的联系方式。

14. 你刚被聘为某部门的主管，你知道还有几个人关注着这个职位，上班第一天，你会怎样做？

A. 把问题记在心上，但立即投入工作，并开始认识每一个人。

B. 忽略这个问题，让它消失在时间中。

C. 与个别谈话，以确认关注这个职位的人。

15. 你和小王一同被领导请去吃饭，回来后你会怎样做？

A. 比较隐晦地和小王交流几句。

B. 同小王热烈谈论吃饭时的情景。

C. 绝口不谈，埋头工作。

评分标准：

	(1)	(2)	(3)	(4)	(5)	(6)	(7)	(8)	(9)	(10)	(11)	(12)	(13)	(14)	(15)
A	2	0	1	2	0	1	2	0	1	2	0	1	0	2	1
B	1	1	0	1	2	0	1	2	0	1	2	2	2	1	0
C	0	2	2	0	1	2	0	1	2	0	1	0	1	0	2

结果分析：

0~10分：在与人沟通方面你还很欠缺，你基本上是个我行我素之人，即使在强调个性的今天，这也是不可取的。你性格太内向，这使你不能很好地与人沟通。你应该在认识到自己的不足的同时尽量改变这种性格，跳出自己的小圈子，多与人接触，凡事看看别人的做法，这样，你就有希望成为一个受欢迎的人。

11~25分：你的沟通能力比上不足比下有余，再加把劲儿，就可以游刃有余地与人交流了。你的缺点是做事求完美，总希望问题能解决得两全其美，而实际是不可能的。不管别人，你就想这样。提高你的沟通能力的法宝是主动出击，这会使你在人际交往中赢得主动权，这样，你的沟通力自然会迈上一个新的台阶了。

26~30分：你可以大声地对别人说：与人沟通，我行。因为你知道如何表达自己的情感和思想，能够理解和支持别人，所以，无论是同事还是朋友、上级还是下级，你都能和他们保持良好的关系。但值得注意的是，你不可炫耀自己的这种沟通能力，否则会被人认为你是故意讨好别人，是虚伪的。尤其在不善于与人沟通的人面前，要隐而不要显，以真诚去打动别人，你的好人缘才会维持长久。

二、案例分析（"借我一双慧眼"）

通天塔

《圣经》上说：人类的祖先最初讲的是同一种语言。他们在底格里斯河和幼发拉底河之间，发现了一块异常肥沃的土地，于是就在那里定居下来，修起城池，建造起繁华的巴比伦城。后来，日子越过越好，他们决定在巴比伦修一座通天的高塔来作为集合的标记，以免分散。因为大家语言相通，同心协力，通天塔修建得非常顺利。上帝耶和华得知此事，又惊又怒：因为上帝是不允许凡人达到与自己同样高的高度的。他看到人类这样统一强大，心想，人类讲同样的语言，就能建起这样的巨塔，日后还有什么办不成的事情呢？于是，上帝决定让人世间的语言发生混乱，使人们相互言语不通。人们各自操起不同的语言，感情无法交流，思想很难统一，就难免出现互相猜疑、各执己见、争吵斗殴，这就是人类之间误解的开始。修造工程因语言纷争而停止，团队的力量消失了，通天塔也就半途而废了。

【思考与讨论】请结合实际分析该寓言的含义。

_____

_____

_____

_____

_____

_____

三、实践训练（"我的舞台我做主"）

1. 技能训练

目的：体会沟通的方法有很多，当环境及条件受到限制时，你怎样去改变自己，用什么方法来解决问题。

形式：将全体学员分成14~16人一组。

类型：问题解决方法及沟通。

时间：30分钟。

材料：摄像机、眼罩及小贴纸。

场地：教室。

操作程序：

(1) 让每位学员戴上眼罩；

(2) 给他们每人一个号，但这个号只有本人知道；

(3) 让小组根据每人的号数，按从小到大的顺序排列出一条直线；

(4) 全过程不能说话，只要有人说话或摘下眼罩，游戏结束；

(5) 全过程录像，并在点评之前放给学员看。

【思考与讨论】

(1) 你是用什么方法来通知小组你的位置和号数的？

(2) 沟通中都遇到了什么问题，你是怎么解决这些问题的？

(3) 你觉得还有什么更好的方法？你有哪些收获或启发？

2. 写一个能证明沟通很重要的案例，可以是你或朋友的亲身经历，也可以是你读到的、听到的。

四、拓展阅读

1. 下面是一个真实的故事，作者用血和泪的教训告诉我们"沟通很重要"，解决问题需要及时、主动地沟通。

沟通很重要

结婚两年后，先生跟我商量把婆婆从乡下接来安度晚年。先生很小的时候父亲就过世了，他是婆婆唯一的寄托，婆婆一个人抚养他长大，供他读完大学。"含辛茹苦"这四个字用在婆婆的身上，绝对不为过！我连连说好，马上给婆婆收拾出一间南向带阳台的房间，可以晒太阳、养花草什么的。先生站在阳光充足的房间，一句话没说，却突然举起我在房间里转圈，在我张牙舞爪地求饶时，先生说："接咱妈去。"

先生身材高大，我喜欢贴着他的胸口，感觉娇小的身体随时可被他抓起来塞进口袋。当我和先生发生争执而又不肯屈服时，先生就把我举起来，在脑袋上方摇摇晃晃，一直到我吓得求饶。这种惊恐的快乐让我迷恋。

婆婆在乡下的习惯一时改不掉。我习惯买来鲜花摆在客厅里，婆婆后来实在忍不住了："你们娃娃就不知道节约吗？"我笑着说："妈，家里有鲜花盛开，人的心情会好。"婆婆低着头嘟哝，先生就笑："妈，这是城里人的习惯，慢慢地，你就习惯了。"

婆婆不再说什么，但每次见我买了鲜花回来，依旧忍不住问花了多少钱，我说了，她就"啧啧"咂嘴。有时，见我买大包小包的东西回家，她就问这个多少钱那个多少钱，我一一如实回答，她的嘴就咂得更响了。先生拧着我的鼻子说："小傻瓜，你别告诉她真实价钱不就行了吗？"

婆婆最看不惯我先生起来做早餐。在她看来，大男人给老婆烧饭，哪有这个道理？早餐桌上，婆婆的脸经常阴着，我装作看不见。婆婆便把筷子弄得叮当乱响，这是她无声的抗议。

我在少年宫做舞蹈老师，跳来跳去已够累的了，早晨暖洋洋的被窝，我不想扔掉这唯一的享受，于是，我对婆婆的抗议装聋作哑。婆婆偶尔帮我做一些家务，她一做我就更忙了。比如，她把垃圾袋通通收集起来，说等攒够了卖废塑料，搞得家里到处都是废塑料袋；她不舍得用洗洁精洗碗，为了不伤她的自尊，我只好偷偷再洗一遍。

一次，我晚上偷偷洗碗被婆婆看见了，她"啪"的一声摔上门，趴在自己的房间里放声大哭。先生左右为难，事后，先生一晚上没跟我说话，我撒娇、耍赖，他也不理我。我火了，问他："我究竟哪里做错了？"先生瞪着我说："你就不能迁就一下，碗再不干净也吃不死人吧？"

后来，好长一段时间，婆婆不跟我说话，家里的气氛开始逐渐尴尬。那段日子，先生活得很累，不知道要先逗谁开心好。

婆婆为了不让儿子做早餐，义无反顾地承担起烧早饭的"重任"。婆婆看着先生吃得快乐，再看看我，用眼神谴责我没有尽到做妻子的责任。为了逃避尴尬，我只好在上班的路上买包奶打发自己。睡觉时，先生有点生气地问我："你是不是嫌弃我妈做饭不干净才不在家吃？"翻了一个身，他扔给我冷冷的脊背任凭我委屈地流泪。最后，先生叹气："你就当是为了我，你在家吃早餐行不行？"我只好回到尴尬的早餐上。

那天早晨，我喝着婆婆烧的稀饭，忽然一阵反胃，肚子里所有的东西都抢着向外奔跑，我拼命地压制着不让它们往上涌，但还是没压住，我扔下碗，冲进卫生间，吐得稀里哗啦。当我喘息着平定下来时，见婆婆夹杂着家乡话的抱怨和哭声，先生站在卫生间门口愤怒地望着我，我干张着嘴巴说不出话，我真的不是故意的。我和先生开始了第一次激烈的争吵，婆婆先是瞪着眼看我们，然后起身，蹒跚着出门去了。先生恨恨地瞅了我一眼，下楼追婆婆去了。

整整三天，先生没有回家，连电话都没有。我正气着，想想自从婆婆来后，我够委屈自己了，还要我怎么样？莫明其妙的，我总想呕吐，吃什么都没有胃口，加上乱七八糟的家事，心情差到了极点。后来，还是同事说："芦荻，你脸色很差，还是去医院看看吧。"

医院检查的结果是我怀孕了。我明白了那天早晨我为什么突然呕吐，幸福中夹着一丝幽怨：先生和作为过来人的婆婆，他们怎么就丝毫没有想到这呢？

在医院门口，我看见了先生。仅仅三天没见，他憔悴了许多。我本想转身就走，但他的模样让我心疼，没忍住，我喊了他。先生循着声音看见了我，却好像不认识了，眼神里有一丝藏不住的厌恶，它们冰冷地刺伤了我。我跟自己说不要看他不要看他，伸手拦了一辆出租车。那时，我多想向先生大喊一声："亲爱的我要给你生宝贝了！"然后被他举起来，幸福地旋转。我希望的没有发生。在出租车里，我的眼泪才迟迟地落下来。为什么一场争吵就让爱情糟糕到这样的程度？回家后，我躺在床上想先生，想他满眼的厌恶。我握着被子的一角哭了。

夜里，家里有翻抽屉的声音。打开灯，我看见先生泪流满面的脸。他正在拿钱。我冷冷地看着他，一声不响。他对我视若不见，拿着存折和钱匆匆离开。或许先生是打算彻底离开我了。真是理智的男人，情与钱分得如此清楚。我冷笑了几下，眼泪"哗啦哗啦"地流下来。

第二天，我没去上班。想彻底清理一下自己的思绪，找先生好好谈一次。找到先生的公司，秘书有点奇怪地看着我说："陈总的母亲出了车祸，正在医院里呢。"

我瞠目结舌。

飞奔到医院，找到先生时，婆婆已经去了。先生一直不看我，一脸僵硬。我望着婆婆干瘦苍白的脸，眼泪止不住：天哪！怎么会是这样？直到安葬了婆婆，先生也没跟我说一句话，甚至看我一眼都带着深深的厌恶。

关于车祸，我还是从别人嘴里了解到大概，婆婆出门后迷迷糊糊地向车站走，她想回老家，先生越追她走得越快，穿过马路时，一辆公交车迎面撞过来……

我终于明白了先生的厌恶，如果那天早晨我没有呕吐，如果我们没有争吵，如果……在他的心里，我是间接杀死他母亲的罪人。

先生默不作声地搬进了婆婆的房间，每晚回来都满身酒气。而我一直被愧疚和可怜的自尊压得喘不过气来，想跟他解释，想跟他说我们快有孩子了，但看着他冰冷的眼神，又把所有的话都咽了回去。我宁愿先生打我一顿或者骂我一顿，虽然这一切事故都不是我的故意。

日子一天一天地窒息着重复下去，先生回家的时间越来越晚。我们僵持着，比陌路人还要尴尬。我是系在他心上的死结。

一次，我路过一家西餐厅，穿过透明的落地窗，我看见先生和一个年轻女孩面对面坐着，他轻轻地为女孩拢了拢头发，我就明白了一切。先是呆，然后我进了西餐厅，站在先生面前，死死盯着他看，眼里没有一滴泪。我什么也不想说，也无话可说。女孩看看我，看看我先生，站起来想走，我先生伸手按住她，然后，同样死死地，绝不示弱地看着我。我只能听见自己缓慢的心跳，一下一下跳动在濒临死亡般的苍白边缘。

输了的是我，如果再站下去，我会和肚子里的孩子一起倒下。

那一夜，先生没回家，他用这样的方式让我明白：随着婆婆的去世，我们的爱情也死了。先生再也没有回来。有时，我下班回来，看见衣橱被动过了——先生回来拿一点自己的东西。我不想给他打电话，原先还有试图向他解释一番的念头，一切都彻底失去了。

我一个人生活，一个人去医院体检，每每看见有男人小心地扶着妻子去做体检，我的心便碎的提不起样子。同事隐约劝我打掉算了，我坚决说不，我发疯了一样要生下这个孩子，也算对婆婆的死的补偿吧。我下班回来，先生坐在客厅里。先生看着我，眼神复杂，和我一样。

我一边解大衣扣子一边在心里对自己说："不哭不哭……"眼睛很疼，但我不让它们流出眼泪。挂好大衣，先生的眼睛死死盯在我已隆起的肚子上。我笑笑，走过去，拖过那张纸，看也不看，签上自己的名字，推给他。"芦荻，你怀孕了？"自从婆婆出事后，这是先生第一次跟我说话。我再也管不住眼睛，眼泪"哗啦"地流下来。我说："是啊，不过没事，你可以走了。"

先生没走，黑暗里，我们对望着。先生慢慢趴在我身上，眼泪渗透了被子。而在我心里，很多东西已经很远了，远到即使我奔跑都拿不到了。不记得先生跟我说过多少遍"对不起"了，我也曾经以为自己会原谅，却不能，在西餐厅先生当着那个女孩的面，他看我的冰冷的眼神，这辈子，我忘记不了。我们在彼此心上划下了深深的伤痕。我的，是无意的；他的，是刻意的。

除了想起肚子里的孩子时心里是暖的，而对先生，我心冷如霜，不吃他买的任何东西，不要他的任何礼物，不跟他说话。从在那张纸上签字起，婚姻以及爱情统统在我的心里消亡。有时先生试图回卧室，他来，我就去客厅，先生只好睡回婆婆的房间。夜里，从先生的房间有时会传来轻微的呻吟，我一声不响。这是他习惯玩的伎俩，以前只要我不理他了，他就装病，我就会乖乖投降，关心他怎么了，他就一把抓住我哈哈大笑。他忘记了，那时，我会心疼是因为有爱情，现在，我们还有什么？

先生用呻吟断断续续持续到孩子出生。他几乎每天都在给孩子买东西，婴儿用品，儿童用品，以及孩子喜欢的书，一包包的，快把他的房间堆满了。

我知道他是用这样的方式感动我，而我已经不为所动。他只好关在房间里，用电脑"噼哩啪啦"地敲字，或许他正在网恋，但对我已经是无所谓的事了。

转年春末的一个深夜，剧烈的腹痛让我大喊一声，先生一个箭步冲进来，好像他根本就没脱衣服睡觉，为的就是等这个时刻的到来。先生背起我就往楼下跑，拦车，一路上紧紧地攥着我的手，不停地给我擦掉额上的汗。到了医院，背起我就往产科跑。趴在他干瘦而温暖的背上，一个念头忽然闯进心里：这一生，谁还会像他这样疼爱我？先生扶着产房的门，看着我进去，眼神暖融融的，我忍着阵痛对他笑了一下。从产房出来，先生望着我和儿子，眼睛湿湿地笑啊笑啊的。我摸了一下他的手。先生望着我，微笑，然后，缓慢而疲惫地软塌塌倒下去。

我痛喊他的名字……

先生笑着，没睁开疲惫的眼睛……

我以为再也不会为先生流一滴泪，事实却是，从没有过如此剧烈的疼撕扯着我的身体。医生说，我先生的肝癌发现时已是晚期，他能坚持这么久是绝对的奇迹。我问医生什么时候发现的？医生说五个月前，然后安慰我："准备后事吧。"

我不顾护士的阻拦，回家，冲进先生的房间打开电脑，心一下子被疼窒息了。

先生的肝癌在五个月前就已发现，他的呻吟是真的，我居然还以为……

电脑上的20万字，是先生写给儿子的留言：孩子，为了你，我一直在坚持，等着看你一眼再倒下是我现在最大的愿望……我知道，你的一生会有很多快乐或者遇到挫折，如果我能够陪你经历这个成长历程，该是多么快乐，但爸爸没有这个机会了。爸爸在电脑上，把你一生可能遇到的问题一一地写下来，等你遇到这些问题时，可以参考爸爸的意见……

我最最亲爱的孩子，写完这20多万字，我感觉像陪你经历了整个成长过程。真的，爸爸很快乐。好好爱你的妈妈，她很辛苦，是最爱你的人，也是我最爱的人……从儿子去幼儿园到读小学、读中学、大学，到工作以及爱情等方方面面，事无巨细都写到了。

先生也给我写了信：亲爱的，娶了你是我一辈子最大的幸福，原谅我对你的伤害，原谅我隐瞒了病情，因为我想让你有个好的心情等待孩子的出生……亲爱的，如果你哭了，说明你已经原谅我了，我就笑了，谢谢你一直爱我……这些礼物，我担心没有机会亲自送给孩子了，麻烦你每年替我送他几份礼物，包装盒子上都写着送礼物的日期……

回到医院，先生依旧在昏迷中。我把儿子抱过来，放在他身边，我说："你睁开眼笑一下，我要让儿子记住他在你怀抱里的温暖……"

先生艰难地睁开眼，微微地笑了一下。儿子偎依在他怀里，舞动粉色的小手。

我"喀嚓喀嚓"按快门，泪水在脸上恣意地流……

沟通很重要，为了自己和所爱的人付出吧！

思考：为什么一个原本幸福的家庭却如此不幸？是谁把幸福偷走了？写下你的启示和感悟。

2. 石油大王洛克菲勒简介

约翰·D·洛克菲勒（1839.7.8~1937.5 23）是美国实业家、超级资本家，美孚石油公司（标准石油）创办人。洛克菲勒是美国历史上最富有的人，是世界公认的"石油大王"。洛克菲勒是现代商业史上最富争议的人物之一。一方面，他创建的标准石油公司，在巅峰时期曾垄断全美80%的炼油工业和90%的油管生意。另一方面，洛克菲勒笃信基督教，以他的名字命名的基金会，秉承"在全世界造福人类"的宗旨，捐款总额高达5亿美元。

重要事件：

洛克菲勒最初在俄亥俄州克利夫兰的一家干货店干活，每周挣5美元。后来他创建了标准石油公司，实际上就是美国石油业的开始。1858年，不满足做个小助理的洛克菲勒辞掉工作，认识了和他有过相同工作经历的英国人克拉克。洛克菲勒向父亲借了1000美元，与克拉克合伙成立了"克拉克·洛克菲勒经纪公司"，把美国西部的谷物肉类出售到欧洲，开始了创业。1863年，洛克菲勒在克利夫兰开设了一个炼油厂，把西部的石油运到纽约等东部地区。在石油工业中，勘探石油等工作被称为"上游工业"，精制和销售属"下游工业"。1879年底，标准公司已控制了90%的全美炼油业。到了1880年，全美生产出的石油，95%都是由标准石油公司提炼的。自美国有史以来，还从来没有一个企业能如此完全彻底地独霸过市场。1896年，洛克菲勒离开了标准石油公司总部——纽约百老汇路26号，搬到了自己的庄园，他退休了。

洛克菲勒基金会1913年在纽约注册，2000年资产33亿美元，目前由家族第五代主持基金会，仍坚持最初的捐赠传统，关注点始终是教育、健康、民权、城市和农村的扶贫。

洛克菲勒精彩语录：

"假如人际沟通能力也是同糖或咖啡一样的商品的话，我愿意付出比太阳底下任何东西都珍贵的价格购买这种能力。"

"我不靠天赐的运气活着，但我靠策划运气发达。"

"一个人不是在计划成功，就是在计划失败。"

"命运给予我们的不是失望之酒，而是机会之杯。"

"我的信念是抢在别人之前达到目的。"

"智慧之书的第一章，也是最后一章，就是天下没有白吃的午餐。"

"借口是制造失败的根源。"

"永远不能让自己的个人偏见妨碍自己的成功。"

"往上爬的时候要对别人好一点,因为你走下坡的时候会碰到他们。"

"即使输了,唯一该去做的就是光明磊落的去输。"

小结:本单元的学习结束了,你是否对对人际沟通的含义、种类和作用有基本的了解?是否对沟通的重要性有更深刻的体会?如果你已经树立了通过及时、主动的沟通去解决问题的意识,相信你的工作会更顺利、生活会更幸福!

请写下你的学习心得:

_____

_____

_____

_____

_____

_____

_____

_____

职业沟通与团队合作

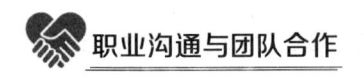

第二节　做好沟通的准备

学习目标

一、知识与能力

1. 明确沟通的心理准备和具体准备，树立沟通前要做好准备的意识。
2. 理解并掌握有效沟通的条件。

二、过程与方法

1. 树立主动沟通的意识，能够尝试与陌生人主动沟通。
2. 培养主动沟通的良好行为习惯。

三、情感、态度和价值观

1. 深刻认识高情商和文化修养对沟通的影响，培养自觉提升情商和修养的意识和行为。
2. 培养感恩心、随喜心和包容心等积极的沟通心态。

案例导入

著名国学大师翟鸿燊教授经常去全国各地讲学。有一次在火车上，有个家伙穿错了鞋，把翟鸿燊教授的一只鞋拖拉着踩得不成样子，对方有些不好意思。翟教授就说："没什么，别说穿一只鞋了，就算穿一条裤子都没问题"。结果，与那个人成了朋友。

思考：翟教授为什么能与损害自己利益的人成为朋友？

破冰活动：找朋友主动交流

1. 每人准备一张卡片，或者一张四分之一的A4纸。上面写着自己的联系方式、宿舍、爱好等。

2. 写好后交给班长，班长把卡片充分混合后，每人随机从中抽一张，作为自己要找的朋友，根据老师的课堂进程安排，可以在课堂上寻找主动交流，也可以课后寻找和联系。

3. 要求在5分钟内通过交流能了解到对方的家庭状况、性格特征、工作理想、最令你欣赏的地方等，能建立恰当的联系。

任务一　交新朋友

任务详情：主动与陌生人沟通，认识5个新朋友，留下联系方式，建立友谊，成为好朋友。（同班同学除外）

(温馨提示：沟通需要做准备吗？如果需要，要准备什么？为什么有的人沟通没有效果？有效沟通的条件是什么？)

凡事要想取得好的结果，都必须去做准备。如果我们不为成功做准备，就意味着我们在准备失败。沟通也是如此。

一、沟通的心理准备

1. 树立主动沟通意识

沟通的行为效果如何，首先取决于你是否树立了积极沟通的意识，是否养成了主动沟通的习惯。主动沟通是与他人建立良好的人际关系的手段，它能使双方受益，在和谐的人际环境中，双方都能够得到对方的尊重、关照、帮助、体贴和友谊，能提高工作效率，使心情保持舒畅，促进身心健康。这是人际交往的科学轨迹，否则，就会带来相反的行为结果。主动的沟通，关键在于你是否"有心有意"，因为意识是一切行为的先导。

树立主动沟通的意识，主要表现在：

◆ 遇到事情是否想到了沟通为先？

◆ 不断创造主动沟通的机会。

◆ 不断总结主动沟通的成果。

◆ 坚持行动是最重要的。

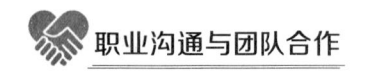

（1）主动沟通的第一步：学会积极主动地和陌生人交往。

与陌生人交往的能力是衡量一个人人际交流能力的关键性尺度。认识了解对方是建立人际关系的前提条件，在人与人的交往过程中，通过彼此相互感知、识别、理解而建立起一定的人际关系。在人生发展的每个阶段，我们都是从和陌生人交往开始的，上学开始就要同陌生的老师交往、同陌生的同学交往，在工作中，我们交往的范围不可能局限于已熟悉的人和环境之中。事实上，我们每天都在接触陌生的人和事，都不可避免地要与陌生人沟通。如果善于和陌生人打交道，没有恐惧感、羞涩感，大大方方地面对你所接触的每一个新朋友，就能很好地把你的才华展现出来。善于和陌生人交往，就能很快获得你的同行、领导、同学的信任。与陌生人交往的能力是衡量一个人人际沟通能力的关键性尺度，能够很好地与陌生人交往是良好沟通、发展人际关系的开始。

需要注意的是，与陌生人交往前，要注意先观察，通过对方的言谈举止，通过他对别人的态度，判断一下他的人品，然后再决定是否要交往，毕竟交友要慎重。

（2）主动沟通的第二步：知道人们在交往中喜欢什么、讨厌什么。

人际关系在心理上总是以彼此满意或不满意、喜爱或厌恶等情感状态为特征的。人际关系中，如果一方表示喜欢另一方，那么对方往往也会报以同样的反应，双方感情深厚，他们的关系就会地久天长，终生不渝；如果一方敌视另一方，那么对方也会以牙还牙，双方结下冤仇，关系就会僵持不下、两败俱伤。在人们交往过程中，常出现一些习惯性思维定势。如对待同事或者下级的错误和缺点一味地批评、斥责，得来的往往是逆反和排斥，不利于良好人际关系的建立，甚至出现仇恨心理以及发生极端事件。

如果你能掌握人际关系情感因素的心理规律，即人们倾向于亲近奖赏性关系而排斥处罚性关系，你就会对对方的优点及时加以赞美。任何人都喜欢给自己带来赞美和表扬的人，排斥那些给自己带来批评和斥责的人。对于对方的缺点和错误，不要直言地加以斥责和批评，而要委婉地表达、诚意地建议或正面地鼓励。

"喜欢"与"讨厌"是人际关系发展与停滞的纽带。人们喜欢那些给自己带来褒奖（赞赏、鼓励）的人，讨厌那些给自己带来惩罚（批评、斥责）的人。良好的沟通以不伤害他人为原则。多用大拇指少用食指讲话，是你建立友善关系的诀窍。

（3）主动沟通的第三步：养成主动沟通的习惯。

如果我们把主动沟通转化为一种良好的习惯，那么，我们的人生就会少走弯路。怎么才能培养主动沟通的习惯呢？

首先，良好的习惯来源于思想意识。一个人有了主动沟通的意识，就会慢慢地形成主动沟通的行为习惯。如果在意识上有了沟通意愿，那么你就会处处、事事以培养良好的人际关系为出发点，不做伤害他人的事情，在交流沟通中就不说伤害他人的话；你就会主动地去构建和谐的人际环境，根据他人的需要去想问题、去做事情，把乐于助人的精神作为自己追求的方向，在帮助别人中享受快乐。

其次，改变不良习惯，树立规矩意识。首先从自己和自己沟通开始，产生想改变的愿望，认识到其对自己人生发展的重要意义。自己先"想通了"，再去通过行动实施。坚决克服不良习惯，对于一个人的进步和成长就显得至关重要。良好沟通习惯的养成，除了教育，关键靠自觉行动。自觉萌发自爱，产生自律。没有内心的觉悟，缺乏自身勉力为善的实际行动，良好习惯是难以养成的。良好的沟通习惯是一种素质和修养，体现着社会文明的程度。只有人人坚持从自身做起，从眼前的一点一滴做起，真正做到"勿以善小而不为，勿以恶小而为之"，才能创造和谐的人际环境。

最后，培养主动沟通的习惯靠的是行动上的持之以恒。有人说："你说的我都懂，就是没有毅力去做"。凡事不能坚持行动的人，都说明你还是没有想通，并没有真正懂得沟通的魅力。所以，行动是最重要的，坚持不下来，就是不相信沟通会使你的人生发展顺畅。只有你坚持去做，才会感受到主动沟通给你带来的人生快乐。

2. 保持积极的沟通心态，包括感恩心、随喜心、包容心等

在沟通的过程中，心态直接影响着沟通的结果，保持好的心态非常重要。时刻以一个好的心态去看待遇到的人和事，以一个好的心态去左右自己的行为，不但可以让自己时刻拥有好的心情，而且可以直接影响到对方，改变事情的结果，甚至在保证结果的前提下，缩短沟通的时间，提高工作效率。

感恩，是一种乐观的心态。感恩还是一种胸怀，是一种美德。每个人、每件事的成功，都是在上级、同事、家人、朋友的关心下、支持下、帮助下、烘托下达到的，所谓养育之恩、知遇之恩、提携之恩、救命之恩，就是这个道理。如果我们能够常怀感恩之心，沟通就会变得更顺畅了、更容易了。如何做到感恩？感恩的心态需要培养。感恩太阳，它为我们带来温暖和光明；感恩大地，它为我们提供了广袤的生存空间；感恩河川，它为我们世代繁衍注入了血液；感恩万物，它们牺牲自己为我们提供了丰富的食物；感恩父母，他们给了我们生命和抚慰；感恩师长，他们给了我们知识和进步；感恩朋友，他们给了我们帮助和力量；感恩上司、老板，他们给予我们发展空间和机会；感恩同事和客户，他们给予我们认可与丰厚回馈；感恩敌人，他们让我们懂得了珍惜和坚强；感恩对手，他们令我们不断进取、努力。生活在感恩的世界里，感激所有使你坚定成就的人。感激伤害你的人，因为他磨炼了你的心志。感激欺骗你的人，因为他增进了你的见识。感激鞭打你的人，因为他消除了你的业障。感激遗弃你的人，因为他教导了你应自立。感激绊倒你的人，因为他强化了你的能力。感激斥责你的人，因为他助长了你的定慧。对于我们不甚喜欢的一些人和事物，尽量想到它的正面，想到它对我们的好处，从而去感谢它。感

激所有使你坚定成就的人,如果没有他们,我们的生活将失去光彩和快乐。总之,你要相信:感恩将为你开启一扇神奇的力量之门,发掘出你无穷的潜力,迎接你的也将是更多、更好的工作机会和成功机会!用心去发现你周遭那些值得感谢的人和事吧——你的老师、你的同学、你的朋友、你的对手、你的老板、你的同事、你的客户,还有你的家人和你的一切……大声说出你的感谢,让他们知道你感激他们的信任和帮助。

沟通中还要随时调整自己的心态,让自己保持喜悦状态,拥有一颗随喜心。譬如,对方骂了你一句,你本能地想生气,不行,赶快调整心态,保持一份随喜心。狗咬你难道你也要去咬狗吗?随喜心是最佳的人格状态。著名的国学大师翟鸿燊教授说,它可以改变人的不良注意力,建立起正见;改变不良的思考方式,建立起正思维;改变不良的表达方式,建立起正语;改变不良的行为方式,建立起正精进;改变不良的信念,建立起正念。翟教授告诉我们,人际关系最忌讳的是一脸死相,相随心生,口乃心之门户。所以我们永远不要做气氛和情绪的污染者,永远不要做破场的事。事情是客观的,但我们的心态是可以改变的,只要适时适当地调整自己的心态,带着喜悦心、随喜心去看事情,快乐和幸福感都会不请自来的。

翟鸿燊教授有一次去外地讲课,前一天那里的老总打电话告诉他说自己有事不能亲自去接他了,但会派他的办公室主任拿着写有他名字的牌子去接他。结果下了飞机翟教授怎么也找不到接他的人,后来好不容易在人堆里发现了自己的名字,原来办公室主任把他的名字倒着拿了。当时他带了随喜之心,一想到快过年了,家里倒着贴"福"字是求一个"福到了"的寓意,那个主任倒着拿他的名字就表示他到了呗。想到这儿之后再和那办公室主任握手沟通就感觉一点障碍没有了,后来还得到了办公室主任无微不至的接待。

同样,良好的沟通也少不了包容心,正所谓"海纳百川,有容乃大"。只有有大胸襟,才能成大事。在这方面马拉多纳就是个好例子。有一场球赛,马拉多纳在后场带球,对手连踢带踹、连拉带拽,不过最后他还是把球踢进了。赛后有记者问他说:"当时有那么多人踢你拽你,你怎么不生气呢?你又怎么不报复呢?"他答道:"如果没有他们的干扰,怎么能体现球星的价值呢?而我报复对手的最好方式就是把球踢进对方的球门里去!"正是他的这番话让他的球迷们很感动,从而也更加喜爱和支持他。

二、沟通的具体准备

1. 明确沟通目的

凡事预则立,不预则废。在与别人沟通之前,心里一定要有一个明确的目的,如想得到客户的约见,想在客户心目中留下印象,想使客户对公司的产品感兴趣等。

毫无目的的交谈只能算作闲聊天或侃大山，不是有效的工作沟通。

2. 制订沟通计划

明确了沟通的目的，就要有较为详细的计划，确定怎样与别人沟通，先说什么，后说什么。如果情况允许，最好列一个表格，把与沟通有关的诸如要达到的目的、沟通的主题、方式、时间、地点、对象和一些注意事项等都列举出来。实践证明，计划制订得越充分，沟通的效果就越好。

3. 预测可能遇到的问题

俗话说，世界上没有两片完全相同的树叶，自然也不可能存在两个观点、观念完全相同的人。心心相印的至亲好友之间都会产生大大小小的分歧，何况在工作中接触的都是同事甚至是陌生人。所以，对于沟通中可能出现的异议和争执，首先要有充分的心理准备，还要根据具体情况对其可能性进行尽可能准确的预测，可以根据所掌握的沟通内容和沟通对象等具体情况自己作预测，这也是对沟通的必要准备，有利于提升沟通的效果。著名的 SWOT 分析法从一定程度上明确了沟通所需确认的基本分析要素，这些要素包括：S-Strength（优势），W-Weakness（劣势），O-Opportunity（机会），T-Threat（威胁）。通过对这些要素的分析，最终较为准确地把握双方的优势、劣势，设定一个更合理的目标，或者说沟通各方都能够接受的目标。

三、有效沟通的条件

沟通是人际关系中的重要内容，是通往成功之门的叩门石。在我们生活的社会中，到处都充满了沟通，老师、同学、上司、同事、亲人、朋友，甚至于很多时候的自我沟通。然而沟通需要技巧，也需要智慧，良好的沟通过程其实源自于很多方面的支撑。沟通结果的好坏与沟通者的情商、文化素养、语言表达息息相关。要使沟通高效，沟通者必须具备以下三个条件。

1. 高情商

高情商是有效沟通的先决条件。长久以来，智商一直被视为事业和生活方面成功的先决条件，后来人们发现仅凭高智商是远远不够的，事业的发展和生活的幸福，情商在其中扮演重要的角色。在美国，曾有人追踪过哈佛大学一些学生在中年的成就，从薪水、生产力、社会地位等诸多方面的考察来看，发现在校考试成绩高的不见得社会成就高。对一个40岁左右的中年人来说，智商与其当时的社会地位有一定的关系，但对社会成就影响更大的是处理挫折、控制情绪、与人相处的能力。在社会中生存，每个人都必须面对各种纷繁复杂的关系网，情商高低决定了人一生的去向，与外界沟通的程度取决于人的情商。社会交际能力较差的人，常常感到活得很累，他们活没少干，力没少出，辛苦没少搭，却时常事与愿违，得不偿失。纵使他们获得了足够的成功机会，最后也可能因不会交际而错失机会，功败垂成。因此，沟通能力的优劣可以决定一个人的成功与否，情商又决定沟通能力的优劣。要提高沟通能力，首先要提高情商。

2. 良好的文化修养

良好的文化修养是有效沟通的前提。沟通的信息是包罗万象的。在沟通中，我们不仅在传递信息，而且还在表达情感，提出意见。要想有效与人沟通，就必须具备一定的文化素养。沟通手段的运用、社交礼仪的展现、言语表达的技巧、处理问题在"度"上的把握，都是一个人综合素质的体现。文化素质修养决定着一个人的行为方式，决定着一个人的沟通能力的高低。

美国著名汉学家约翰·塞维斯在一篇刊登在《洛杉矶时报》的纪念文章中这样描写周恩来总理给人的印象："凡是见过周恩来的人，没有谁会忘记他。他精神饱满，富于魅力，长相漂亮，这是原因之一。他给人的第一印象是他的眼睛。浓密的黑眉毛下边有一双炯炯有神的眼睛，在凝神看着你。你会感觉到他在全神贯注地看你，会记住你和他说过的话。这是一种使人立即感到亲切的罕见的天赋。1941年在重庆第一次会见他时，我的感觉就是这样。在重庆和延安的那些日子里，同他谈话，每次都是思想智慧的交锋，愉快得很。他文雅、和蔼、机警而不紧张，不会使人提心吊胆，幽默而不挖苦人或说话带刺，他能非常迅速地领会你的想法，但从来不在你表达遇到困难时表示不耐烦，他自己思维敏捷而不耍花招，他言行如行云流水而不夸夸其谈，他总是愿意开门见山地谈问题，而又总设法寻找共同的见解。他在设法使我们趋向赞同他对中国和世界事务的看法，他自己对这些看法是深信不疑的。但是他这样做，靠的是冷静的说理、清晰温和的措辞、广博的历史知识和对世界的了解及深入掌握的事实和细节。"

3. 表达能力

表达能力是有效沟通的重要基础，表达能力和技巧直接影响着人际沟通的效果。人际沟通主要通过语言和非语言两种形式进行表达。

表达首先要准确流畅。良好的人际沟通是以准确为基础的。如果传递的信息不准确、不真实、词不达意，不仅会给沟通造成极大的障碍，而且还会失去对方的信任和理解，很容易被人误解。这也要求沟通者有丰富的词汇储备，才能选择最恰当的词汇真实地表达自己。

表达还要注意简洁精练。简洁精练的表达体现出说话人分析问题的快捷和深刻，是认识能力和思维能力的高超表现。它能使听者在较短的时间内获得较多的有用信息，有助于博得对方的好感，也是说话人果断性格的表现。要做到这一点，头脑里必须储存一定量的材料，并且临场交流时能选用恰当的词语表达思想、思路清晰、层次分明。

表达还要注意生动形象，幽默风趣。生动形象能增强语言的感染力，吸引对方的注意力。要善于运用各种修辞方法，把深刻的道理寓于具体事实中，使之通俗易懂。幽默风趣能使你到处受欢迎，幽默是一种智慧，是人的内在气质的外在显露，在人际沟通时能活跃气氛、化解尴尬。

此外，委婉含蓄这一语言技巧在交际中的作用是很大的，是人际交往的缓冲术。在自我表露时，可绕过一些难以直言的内容，在拒绝对方的要求、表达与对方不同的意见或批评对方时，可以维护对方的自尊，给对方留足面子。

任务二　能力训练

一、思考与练习

1. 周末回家与父母做一次深入的沟通，列出沟通前的准备工作。

2. 你每天会遇到各种人和事，尝试用积极主动的沟通意识去面对，看看效果如何？记录下来。

3. 反思自己在有效沟通的三个条件中具有优势的是哪一方面？最需要加强的是哪一方面？制定改进计划。

4. 每天记录值得自己感恩的人和事。

5. 写下自己在生活中保持随喜心和包容心的例子，并与大家分享。

6. 反思自己日常行为中在主动沟通方面有哪些不足的地方，自己应该从哪些方面进行改进？

_____
_____
_____
_____
_____
_____
_____

二、拓展阅读

和陌生人交往的 5 个技巧

影响与陌生人交流双方有效性的一个重要因素是交往双方的"心理戒备"问题。善于和陌生人交往，是每个人在人生发展过程中必须解决的问题，我们要改变观念，主动和他人沟通，锻炼自己。提高和陌生人交往的能力在于自身的训练，只有自身产生一种要改变自己的欲望，然后在各种不同的场合下，有意识地进行自我训练，不断地创造条件和陌生人讲话，才能逐步提高和陌生人交往的能力。

1. 有缘得以相会

把与陌生人相遇，看成是"上天"赐给我们的一种缘分。也许此次见面，挥手一别，没有再见的缘分，于是，我们就更应该珍惜这瞬间的相处，尽量使彼此留下愉快的回忆。这种"惜缘"的态度，往往能主动化解与陌生人交往的戒备心理，发展出良好的人际关系。

2. 树立主动沟通的意识

俗话说："万事开头难"。当你与对方完全陌生时，要开始一次交谈确实困难。但是，只要你主动，从微笑开始，勇于开口说第一句话，沟通就会变得简单。

3. 从寻找合适的话题开始

初次见面，寻找合适的话题很重要。可以谈谈天气，谈谈轻松愉快的话题，对方感兴趣的话题，可以真诚地赞美对方等，注意不要谈论对方的年龄、收入、婚恋、家庭等涉及个人隐私的话题。

4. 用积极的心态面对所有的陌生人

积极的心态是生活、工作快乐的伴侣和源泉。在积极心态的主导下，才能觉察到世界的美好，感觉到社会正面的东西。即使真的遇到了"坏人"也不要恐惧，要善于利用自己的"机智"和"老练"，使那些"心存不轨"的人，在你的大方、气势面前有一种心理压力，不敢轻易对你怎样，因为任何心怀不轨的人总是利用对方的恐惧、羞涩而达到其罪恶之目的的。

5. 捅开与陌生人交往的这层"纸膜"

在与陌生人沟通时，有的人很想和对方交谈，但又不知话该怎么说出口，心里七上八下，因而显得很紧张。其实你大可不必如此，也许对方比你更紧张。如果你能跟他谈一些轻松的话题，将会使双方都感到愉快。其实，陌生人之间的交往之所以存在障碍，关键是人际之间隔着一层"纸膜"，如果有人能将这层纸膜捅破，人们之间的沟通也就非常顺利了。你冲破了和陌生人交往的屏障，你就开始了由陌生到熟悉的发展过程。

学习心得：

通过本部分内容的学习，你又有哪些收获和成长？写下你的学习心得。

第三节　把握沟通的基本原则

学习目标

一、知识与能力

1. 理解并复述人际沟通的黄金法则和白金法则，学会运用法则分析自己和他人的言行，解决实际沟通问题。
2. 理解并复述人际沟通的基本原则。

二、过程与方法

1. 通过沟通训练强化对沟通中尊重原则和理解原则的认识。
2. 学会运用人际沟通的基本原则分析自己和他人的言行，解决实际问题。

三、情感、态度和价值观

1. 树立沟通中尊重理解他人、换位思考的意识。
2. 对不尊重他人的言行有深刻的认识，并能自我反省。

案例导入

威森为一家画室推销服装设计草图，他经常去拜访一位著名的服装设计师，设计师从不拒绝接见，但也从来不买他的东西。威森一次次失败后，改变了思路。他把未完成的草图带到买主的办公室。"如果您愿意，希望你帮我一个小忙，"他说，"这是一些尚未完成的草图，能否请你告诉我，我们应该如何把它们完成才能对你有所帮助？"这位买主默默地看了那些草图一会儿，然后说："把这些草图留在我这儿几天，然后再回来见我。"三天以后威森又去了，获得了买主的某些建议，取了草图回到画室，按照买主的意思把它们修饰完成。结果是这些服装设计草图全部被设计

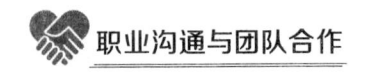

师接受了。

思考：这个沟通案例对你有什么启发？威森做了什么事，草图才被接受了？

任务一　与老师沟通，加深理解，增强感情

任务详情：王伟上课玩手机，结果被老师没收了。课后他去办公室找老师，他应该如何沟通才能与老师加深理解、增进感情？

一、人际沟通的黄金法则和白金法则

我们每一个人都不是孤立地生活在世界上，我们处在各种各样的人际关系中。如何通过人际沟通处理好人际关系？人际沟通中通行两个著名的法则：

1. 黄金法则：你希望别人怎样对待你，你就怎样对待别人

黄金法则是人际关系建造的基石，是你处理一切人际关系所依归的智慧。孔子的智慧是：己所不欲，勿施于人。这样的教导流露出对别人的体谅、对自己的约束。耶酥的智慧是：你想要别人怎样对待你，你就要怎样对待别人。这样的教导需要我们拥有更为主动的态度或者叫服务他人优先的精神：你想要他人关心你，你先要关心他人；你想要获得他人的理解，你先要去理解他人；你想获得他人的服务，你先要服务于他人；你想要得到他人公平的对待，你先要公平地对待他人；你想要妻子温柔顺服，你先要成为一个好的丈夫；你想要丈夫关心体贴，你先要成为一个好的妻子……

格莱恩·布兰德（《一生的计划》的作者）说，为什么有的人总是受到欢迎，得到别人的拥戴，好运气也总是落到他们头上？关键是他们学会并接受了一条人际关系黄金法则：你想要别人怎样对待你，你就要怎样对待别人。这条黄金法则能够在沟通中获得成功的秘诀在于：你掌握着人际关系的主动权，只要你想要一个和谐顺畅的人际关系，你就可以拥有，当然关键是你先付出。

2. 白金法则：别人希望你怎样对待他，你就怎样对待他

白金法则是美国最有影响的演说人之一、最受欢迎的商业广播讲座撰稿人托尼·亚历山德拉博士与人力资源顾问、训导专家迈克尔·奥康纳博士研究的成果。白金法则的精髓就在于"别人希望你怎样对待他们，你就怎样对待他们"，从研究别人的需要出发，然后调整自己的行为，运用我们的智慧和才能使别人过得轻松、舒畅。简单地说，就是学会真正了解别人，然后以他们认为最好的方式对待他们，而不是以

我们中意的方式。这一点还意味着要善于花些时间去观察和分析我们身边的人，然后调整我们自己的行为。

"白金法则"是建立在这样一种认识基础上的，即每个人都有自己的习惯，都有自己审视世界的方式。每个人都有自己的传达个性风格的方式和途径。准确识别他人的个性风格算得上是一种能力，其目的是据此调整我们的行为方式，减少和避免冲突及不快的发生。在此基础上，"白金法则"指导你根据他人的性格特征、兴趣爱好，采取相应的行动，从而获得成功。

黄金法则和白金法则启示我们，在人际沟通时要尊重他人，待人真诚，公正待人，学会真正了解别人，然后以他们认为最好的方式对待他们。许多人都存在这样一种想法：值得我尊重的人，我才尊重；不值得我尊重的人，我没有必要尊重他。其实，尊重不存在值不值得的问题，我们应当尊重每一个人的人格，就像我们自己希望受到别人尊重一样。通常，人们都希望自己是胜利者，对手是失败者。在这种观念指导下，人们的所作所为都倾向于如何击败对手、使自己获胜。这样做的最后的结果不管是自己胜与败，都给对方造成了伤害，同时，对方也会以相同的敌对方式来对待自己，最终导致两败俱伤。

白金法则处理问题的出发点是别人，承认人的风格是有区别的，这是白金法则与黄金法则最根本的区别。"己所不欲，勿施于人"，这是人际互动的基本原理，至少不会冒犯别人。"己之所欲，施之于人"，是人际关系的黄金法则，适用于价值需求一致的文化社会。"人之所欲，才施于人"，是人际交往的白金法则，唯如此，才能使我们在价值多元化的现代社会里真正做到100%地让人满意。

二、人际沟通的基本原则

人们在社会生活中进行人际沟通和人际交往时，不仅要有良好的、正当的动机，遵循普遍的社会道德规范，而且还需要采取正确的方法并遵循一定的原则。

1. 尊重原则

尊重原则是人际沟通的基本原则，没有尊重就没有沟通。人人都有自尊心，都有受人尊重的需要，都期望得到别人的认可、注意和欣赏。这种需要的满足会增强人的自信心和上进心；反之则会使人失去自信，产生自卑，甚至影响其人际交往。因此，在沟通中首先要遵循相互尊重的原则。尊重原则要求沟通者讲究言行举止的礼貌，尊重对方的人格和自尊心，尊重对方的文化背景、风俗习惯。这里既包括要善于运用相应的礼貌用语，如称呼语、迎候语、致谢语、致歉语、告别语、介绍语等；也包括遣词造句的谦恭得体、恰如其分，如多用委婉征询的语气；还包括平易近人、亲切自然的态度。当然，对人的尊重不仅仅表现在沟通形式上，更表现在沟通中所交流的信息和思想观念上，即要把对方放在平等的地位上，以诚相待，摒弃偏见，讲真话。

礼貌是对他人尊重的情感外露，是谈话双方心心相印的导线。人们对礼貌的感知十分敏锐。有时，即使是一个简单的"您"、"请"字，都可以让他人感到一种温暖和亲切。渴望受到尊重是每个人的基本心理需求，你想要得到他人的尊重，自己先要善于主动接近对方，缩短人际距离，沟通相互情感。

尊重也表现在要尊重他人的领域权。不乱动他人物品，主人不在场时，不要私自动用其领域内的物品。未经许可，一般不要翻动他人的抽屉、书包、信件等，因为这种揭人隐私的行为会伤害对方的自尊。不随意进入他人领域。在进入他人领域之前，一定要征得同意和允许。比如到朋友家做客，进门先按铃或敲门，经主人允许后方可进入。不经主人邀请，或没有获得主人同意，不得参观主人卧室。即使是较熟悉的朋友，也不要去触动他的个人物品和室内陈设，对家庭成员也应尊重。在公众场合，要尽量避免侵犯他人的空间，不污染他人的界域。一是空气污染，比如当众抽烟，冲着人打喷嚏，张着嘴呵气，在餐桌上端起碗来用嘴吹等。国家之间比如核电站泄漏事件，都属于污染别人的界域，因为虽然没有侵入别人的身体，但是空气被污染了。二是噪声污染，比如公众场合大喊大叫、吵闹、课堂、集会、音乐会上等手机声。

尊重还体现在懂得欣赏、赞美他人。要肯定他人的优点，尊重他人的人格，减少对别人的贬损，增加对别人的赞誉。希望得到别人的注意和肯定，是人所共有的心理需求，而欣赏正是满足这种需求的交际方式。人际关系大师卡耐基说："避免嫌弃人的方法，那就是发现对方的长处。"因此，在交际中，我们应抱着欣赏的心态来对待每一个人，时时留心身边的人和事，多发现别人的优点和长处。赞美是欣赏的直接表达。有道是"良言一句三冬暖，恶语伤人六月寒"，真诚的赞美不仅能激发人们积极的心理情绪，使人们得到心理上的满足，而且可以给别人也给自己带来好心情，还能使被欣赏赞美者产生一种交往的冲动。托尔斯泰说得好："就是在最好的、最友善的、最单纯的人际关系中，称赞和赞许也是必要的，正如润滑油对轮子是必要的，可以使轮子转得快。"要想获得良好的人际关系，就要学会不失时机地赞美别人。

其实，做到尊重别人并不难，有时只需一个微笑、一句问候、一声敬称、一对善于倾听的耳朵，就会给别人的心情带来阳光和温暖，也给自己带来真挚的友谊与和谐的交际。

2. 理解原则

理解原则就是要求沟通者要善于换位思考。要站在对方的处境上设身处地考虑，体会对方的心理状态与感受，这样才能产生与对方趋向一致的共同语言。同时还要耐心、仔细地倾听对方的意见，准确领会对方的观点、依据、意图和要求，这既可以表现出对方的尊重和重视，也可更加深入地理解对方。

在现实社会，随着人们日常交往的日益频繁，摩擦、矛盾也会随之增多，很多人只强调他人对自己应该承认、理解、接受和尊重，却忽视对等地去理解和尊重他人；只注重自己目的的实现，却无视他人的利益和要求。在这种倾向支配下，他们常常不顾场合和对方心情，一味地由着自己的性子去交往，致使在交往中出现尴尬的局面。所以，在很多时候，注意交际场合的特点，多进行换位思考，灵活应变，将心比心，以诚换诚，才能达到心灵的沟通和情感的共鸣。

正如《圣经·箴言》中写道："掌握理解的人是幸福的/善于理解的人/卖掉的是银子/得到的是比金子还珍贵的东西/理解比宝石还要宝贵/上帝用智慧构成了大地的基础/以理解奠定天柱。"沟通不仅是信息的传递，更是对信息的理解和把握，准确地理解信息的意义才是良好的沟通。理解又是人际沟通的润滑剂，凡事一被理解就顺畅了。我们说"理解万岁"，懂得理解的人，其沟通能力一定强，并且到处受欢迎。

3. 宽容原则

"心有多大，舞台就有多大。"人际沟通的双方要心胸开阔、宽宏大量，把原则性和灵活性结合起来，只要不是原则性的重大问题，应力求以谦恭容忍、豁达超然的风度来对待各种分歧、误会和矛盾，以诙谐幽默、委婉劝导等与人为善的方式，来缓解紧张气氛、消除隔阂。事实证明，心胸开阔、态度宽容、谦让得体、诱导得法，会使沟通更加顺畅并赢得对方的配合与尊重。"海纳百川，有容乃大"，"宰相肚里能撑船"，这些都是宽容原则的体现。

4. 坦诚原则

坦诚就是以诚相待。"精诚所至，金石为开。""诚"的核心是为人处世讲究忠诚老实、光明磊落。做到说话办事要实事求是，襟怀坦荡；不隐瞒自己的思想观点，有什么讲什么；是非分明，在与人相处中敢于坚持真理，伸张正义，主持公正；言而有信，遵守诺言，实现诺言，说到做到。

在语言交际中，说话人的感情直接影响表达的效果，也影响着听话人的理解和接受。待人真诚，给人以充分的信任，可以激励他人的工作热情，提高工作效率。其实，感情本身就是一种教育力量，最有效的手段是以情感人、以理服人。唯有入情入理、坦诚真挚、充满信任的话语，才能够深入人心，引起别人的共鸣，受到他人注意。人际交往中要做到坦诚真挚，需要注意如下方面：

①首先要说真话，以坦诚的心取信于人。"言必信，行必果"，这是沟通时收到良好谈话效果的重要前提。

深圳蛇口工业区负责人在国外和一个财团谈判，由于对方自认为技术设备先进，漫天要价，使谈判陷入僵局。正在这时候，这个财团所在的商会请他去发表演说。

他讲道："中国是个文明古国。我们的祖先早在一千多年以前，就将四大发明指南针、造纸、印刷术和火药的生产技术，无条件贡献给人类。而他们的后代子孙，从来没有埋怨他们不要专利权是一种愚蠢的行为。相反，却称赞祖先为世界科学的进步做出了杰出贡献。现在，中国在与各国的经济活动中，并不要求各国无条件出让专利，只要价格合理，我们一个钱也不少给……"这番发自蛇口工业区负责人内心的讲话，在外国人心目中引起了巨大的震动和强烈的反响，使谈判对手终于愿意降低专利费，双方达成了近三亿美元的合作项目。"心诚能使石开花"，这段发自内心的讲话，借助历史事实，寓意深刻，语气直率，不仅没有因此影响到谈判合作项目的达成，反而让人们更深层地感受到了中国人的诚心与诚信，取得了谈判对手的理解与支持。

其次要感情真挚，态度诚恳。与人交流沟通中，诚恳而真挚的态度是语言交往目的得以实现的基础。"善大，莫过于诚。"真诚的赞许与诚恳的批评都能使彼此间愿意了解、信任、倾诉、交心，正如《庄子·渔父》中所说："不精不诚，不能动人"，"真在内者，神动于外，是所以贵重也"。

5. 及时原则

沟通的及时原则，就是要求在信息传递和交流过程中一定要注意信息的时效性，做到信息及时传递、及时反馈，这样才能使信息不因时间问题而失真。现实生活中，如果我们沟通不及时，就会时过境迁，失去了沟通的意义，悔之晚矣。

6. 适当原则

适当原则要求人际沟通要适时、适地、适人，选择合适的时间、地点，针对沟通对象进行沟通。

人际沟通离不开特定的时间、地点和场合，沟通要符合特定的时代背景和此时此地的具体情景，还要恰当地利用说话时机，把握时间因素，力求切情切境，入旨入理。

在杭州的"美食家"餐厅，一对新人在举行婚礼时，正赶上滂沱大雨下个不停。新人和客人们被大雨淋得很懊丧，婚礼气氛很不愉快。这时，餐厅经理来到100多位客人面前微笑着，高声说："老天爷作美，赶来凑热闹。这是入春以来的第一场好雨。好雨兆丰年，这象征着今天这对新人的未来是十分幸福的。雨过天晴是艳阳天，象征着今天在座的所有客人都将迎来更加灿烂的明天。我提议：为了创造和迎接雨过天晴的明天，大家干杯！"话音刚落，整个餐厅的情绪和气氛发生了180度的转变，沉寂的婚礼场面一下子变得热烈起来。

人际交往中，对于交际主体来说，最重要的莫过于研究交际对象，根据交际对象的性别、年龄、生活背景、心理特征等因素的差异来选择恰当的语言，以求明晰地表达自己的思想，达到正常的语言交际的目的。美国总统罗斯福如果要会见客人，通常会用这样一种简单的方式,就是在与人接触的前一个晚上,花点时间研究一下客人的背景,于是一见面,共同的话题就源源不断,谈话自然让对方兴趣盎然。在这种氛围中,沟通就能更顺畅。也就是所谓"到什么山上唱什么歌"、"见什么人说什么话"。如果不考虑对方的实际情况,信息流通渠道就会因此而出现偏差,甚至"阻塞",交际也会随之而停止。

有一位营业员向外国顾客介绍商品时,因为不了解外国顾客的情况,而按照对中国顾客的方式来接待,结果就把顾客赶跑了。事情是这样的:

有一位英国客人在商店里表示出对一件工艺品感兴趣时,该营业员取出该工艺品,然后对客人说:"先生,这件不错,又比较便宜。"顾客听了她的话后,丢下商品,转身而去。为什么这些话会把这位顾客赶跑呢?原来是"便宜"二字,因为在英国人心目中,买便宜货有失身份,所以这桩买卖没有做成。

任务二　能力训练

一、思考与练习

1. 运用人际沟通的黄金法则和白金法则解决生活中的沟通问题,并写下过程和感受。

2. 下列情况下,你希望别人怎样对待你?运用人际沟通的黄金法则,你该怎样对待别人呢?

(1) 当我误解了别人时,我希望别人这样对待我:

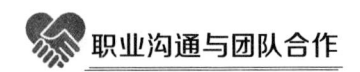

运用人际沟通的黄金法则，当别人误解了我的时候，我要这样做：

(2) 当我做了对不起别人的事时，我希望别人这样对待我：

运用人际沟通的黄金法则，当别人做了对不起我的事时，我要这样做：

3. 人际沟通的基本原则中你感受最深的是哪一个？举例说明。

4. 尽可能多地写出生活中不尊重他人的表现，并引以为戒。

二、案例分析（"借我一双慧眼"）

1. 1954年，周恩来总理出席日内瓦国际会议，为了向外国人宣传中国，表明中国爱好和平的愿望，决定为外国嘉宾举行电影招待会，放映越剧艺术片《梁山伯与祝英台》。为此，工作人员准备了一份长达16页的说明书。周恩来看后笑道："这样看电影岂不太累了？我看在请柬上写上一句话就行，即请您欣赏一部彩色歌剧电影：中国的《罗密欧与朱丽叶》"。果然，一句话奏效，外国嘉宾都知道了这部电影要讲述的故事。

思考：周总理沟通成功的秘诀是什么？对你有什么启发？

2. 一天，六位外国海员来北京某饭店用餐。海员们胃口很好，豪饮之际，那一盘盘端上来的菜肴如风卷残云，被一扫而空。唯有那条大黄鱼，只吃了上面的一半，下面的一半却没动。笑盈盈的服务员小姐见此情景，便热情地拿起公筷，把鱼翻了过来。想不到这几位海员勃然大怒，把筷子一摔，离席而去。

思考：这位服务员小姐一片好心，为什么反而触怒了海员呢？本案例告诉我们沟通中要注意什么？

三、模拟训练

1. 某同学上课回答问题没答对，老师让他站着，他说："为什么让我站着？我怎么啦?"并自己坐下来。请运用所学的人际沟通知识,分析该同学的言行违反了沟通的哪些原则?你认为应该如何沟通效果更好?

2. 你听到一个同学背后说你的坏话,你应该怎么做?角色扮演,模拟沟通过程。

3. 如果老师错误地批评你,你应该怎么做?请结合所学沟通知识说明为什么要这样做?

第四节　克服障碍　沟通起步

学习目标

一、知识与能力

1. 理解并掌握克服人际沟通中自卑心理的方法，学会运用该方法帮助自己和他人克服自卑心理，解决沟通问题。
2. 理解克服嫉妒心理的意义。
3. 理解并掌握克服人际沟通障碍的策略和技巧。

二、过程与方法

1. 掌握克服自卑心理和嫉妒心理的方法，并积极通过锻炼克服沟通心理障碍。
2. 能够运用克服人际沟通障碍的策略和技巧，分析、解决实际问题。

三、情感、态度和价值观

正确认识自己和他人，树立自信，自觉克服自卑心理和嫉妒心理。

案例导入

日本前首相森喜朗的英语就说得不好，结果在接见来访美国前总统克林顿时闹出了笑话。森喜朗与克林顿相见，他马上向克林顿问好："How are you？"（你好！），结果由于他蹩脚的发音说成了"Who are you？"（你是谁？）克林顿不禁一愣，以为这是森喜朗的幽默，就也幽他一默说："I'm Hilary's husband"（我是希拉里的丈夫），哪里知道森喜朗的英语听力也同样不行，他不假思索地回答到："Me too."（我也是），真是南辕北辙，令人大跌眼镜。

拓展活动——《红与黑》

游戏规则

1. 目的：游戏的目的是赢，赢的标准是累计最高正分。

2. 程序：每轮你队有两种选择——红或黑，由工作人员了解你队每轮的选择并告知你们的得分，你队可根据上轮得分确定下轮选择。

3. 沟通：两队在第四轮选择后，征得双方同意，可进行第一次沟通，双方各派一名代表外出面谈，面谈时间为一分钟。

两队在第八轮选择后，双方必须进行沟通，面谈时间为一分钟。

两队除按上述规则可召集的面谈外，禁止其他沟通。

4. 得分计算：

（1）队A、队B均选黑，各得1分；队A、队B均选红，各减1分。

（2）一队选红、一队选黑，选黑者减3分，选红者加3分。

（3）第9与第10轮选择，得分乘以3后计入总分。

点评：

1. 要取得长期利益，必须采取合作的态度。

2. 团体合作的基础是相互信任。信任来自于畅顺的沟通。

3. 信任一旦逝去，难以补救。

思考：你的沟通有障碍吗？是否达到了沟通的目的？沟通中有哪些亮点和不足？如何让下一次沟通效果更好？在这个游戏中你悟到了什么？

任务一　与老师沟通，克服障碍，加深理解，成为朋友

任务详情：英姿是一位不愿意和别人打交道的学生，生性腼腆，见了老师就脸红，不敢和老师单独说话。现在，她决心学会和老师交往，改变自己，成为老师喜欢的学生。怎么办？

（温馨提示：英姿首先应该做什么？英姿平时应该进行哪些方面的练习？）

一、克服自卑心理和嫉妒心理

人际沟通的过程也就是人与人之间的信息沟通、思想感情交流和行为互动的过程。分析和研究人际沟通的障碍因素，对于调节人们的沟通行为、搬掉沟通过程中

的"绊脚石"、克服障碍，具有重要意义。在这些障碍中，表现最为突出的是人际间的心理障碍。这里我们重点分析和研究自卑心理和嫉妒心理这两种心理品质障碍。

1. 自卑心理

自卑是指个人由于某些生理或心理缺陷及其他原因（如智力、记忆力、判断力、气质、性格、技能等欠佳）而产生的轻视自己、认为自己在某个方面或几个方面不如他人的心理。具有自卑心理的人往往缺乏自信，自己看轻自己，在交往活动中想象成功的经验少，想象失败的体验多。这种情绪在与权威、长者、名人交往时，表现更为突出。自卑是一种消极的心理状态，它在人与人交往中起着严重的阻碍作用，往往使沟通双方难以形成一种平等的对话，进而影响彼此真情实感的交流。严重者会失去交往的愿望，成为一个孤独者。

自卑心理一般表现为一种自我否定的心理定式，包括对自身的否定和对社会组织的否定，认为样样比不过别人，自暴自弃，不能正确地评估、判定自己所代表的社会组织，对人际沟通的期望值很低，把需要沟通的对象限定在狭小的范围里，以与熟悉的人交往为满足，而不想去交往新的朋友。

自卑心理形成的原因是多方面的。从主观方面讲，有两个原因：一是自己的期望值不高，把自己的交往局限在小圈子里，行动上畏缩不前，当遇到新的交往情境时，总是害怕失败，担心遭到别人的耻笑和拒绝；二是某些生理上的短处容易导致自卑，如患有残疾、长相不佳等。从客观方面讲，家庭背景、社会地位较差也易导致自卑，四处碰壁，挫伤了积极性，而产生自卑心理。

怎样克服自卑心理呢？

一要正确认识。尺有所短，寸有所长，你的长处可能正是别人的短处。如果你能对自己有一个全面客观的评价，提高自信心，你就会在公众面前落落大方、潇洒自如。

二要恰当评价自己的优势，树立自豪感和自信心。要善于发现自己的长处，肯定自己的成绩，不要把别人看得十全十美，把自己看得一无是处，应认识到他人的不足；经常回忆那些经过努力做成功的事情，对一些做得不好的事情进行自我暗示："不要紧，别人也不见得就能做好，自己再努力一把也许就能把事情做好"。另外，注意发现他人对自己好的评价。每个人总是以他人为镜子来认识自己的，不会所有的人都对自己做较低的评价，赏识、理解、了解自己的人总是有的，关键是要自己去捕捉，将捕捉到的好的评价作为自我评价系数，以增强自信心、克服自卑。

三要积极抓住机会锻炼自己。怕沟通，主要是怕自己做不好。因此，不妨主动地寻求锻炼的机会，鼓起勇气，向自己提出挑战，敢说第一句话，敢于迈出第一步，在沟通实践中发展自己的交往技能，把可交往的沟通对象视为自己的重要工作对象。当迈出第一步后，你就会感到这道障碍不过如此，很容易超越。

四要注意成功的积累。要善于从小事做起，总结成功的经验。哪怕是小小的成功，对克服自卑心理也是十分有益的。为此，要不断分析、总结以往沟通的经验教训，挖掘出富有积极意义的正面材料，激发交往成功的愉快体验，从而强化自身的沟通意识，增强沟通的勇气和信心。

五要在沟通前做好充分准备。由于自卑心理的作用，人在沟通过程中，自己说什么、做什么等社交行为没有构成简明清晰的印象，导致焦虑、恐慌随之产生。克服的根本办法是：准备充分，不断收集社会组织与公众两方面的信息；在沟通过程开始之前，将如何开场、如何发问、发问的具体内容、解决的核心问题、可能出现的障碍、解决的办法等一系列问题，在心里预演一遍，直至滚瓜烂熟、如数家珍；另外，与陌生人接触以前，可以阅读有关材料，听介绍、看影片和录像等，这样"知己知彼"，交谈时就会踏实、自然、轻松自如、情绪稳定、侃侃而谈了。

2. 嫉妒心理

简单地说，嫉妒心理就是当个人的愿望得不到满足时对造成这种不满足的原因的一种怨恨行为。嫉妒心理是社交的大敌，它打击别人，贻误自己，腐蚀风气；以损人开始，以害己告终。由于嫉妒心理的作祟，一定范围内的人际关系可能因此而失去和谐，变得紧张起来。古人把嫉妒这一消极心理状态视若"灾星"。"既生瑜，何生亮"的故事就是突出的一例。三国时期，周瑜面对诸葛亮的足智多谋和超人的军事才能，心生嫉妒，伤害他人，屡屡失策，终于在"既生瑜，何生亮"的悲鸣中倒下，断送了自己的宏伟业绩和年轻的生命。

怎样克服嫉妒心理呢？一要端正认识。嫉妒心理的产生常常是因为一种错误的认识造成的，即：你取得了成绩，便是说明我没有成绩；你成功了便是对我的威胁、对我的利益的侵占。要注意摒弃这一不良认识。二要心胸开阔。加强个人思想品质的修养，驱除以自我为中心的思想，努力使自己成为胸怀宽阔、心底无私的人，"大肚能容，容天下难容之事"，显现出具有"大家风度"的社交风范，以胸阔之海淹没嫉妒之舟。三要自我反省。嫉妒时常在我们不知不觉中产生，故时常反省一下，看看自己是否染上不良情绪，是大有好处的。如果你能够意识到自己在嫉妒，你就会控制或消除这种处于萌芽状态的情绪。

二、克服人际沟通障碍的策略和技巧

尽管在人际沟通中会遇到各种各样的障碍，但只要人们树立正确的沟通理念，采用科学的沟通渠道和方法，就能克服沟通中的障碍，实现有效沟通。具体来说，克服人际沟通障碍的总体策略与技巧主要有以下几方面。

1. 先处理好心情，再处理事情

沟通之前一定要使自己的情绪稳定，处于积极状态、理智状态，才可能得到理想的沟通效果。这一点与我们前面学习的"高情商是有效沟通的先决条件"是一致的。

2. 明确沟通目的

沟通是有目的的，无论是与他人拉家常、叙友情，或是进行学术报告、演讲、谈判、采访乃至解说、寒暄、拜访、提问等，都是为了实现信息传递、联络情感、增进了解、阐明观点、达成共识等特定的沟通目的而进行的。在沟通之前必须弄清楚自己沟通的真正目的是什么，确定沟通目标，然后去规划沟通内容。在沟通过程中要始终提醒自己不要忘了沟通目的，不要偏离了沟通的目标。

3. 营造良好的沟通氛围

沟通时要先营造一个和谐轻松的氛围，比如说个笑话、聊聊家常、恰当地使用赞美等，一定要让对方处于一种愉悦的氛围中才易于沟通。

4. 选择恰当的时间地点，针对沟通对象进行沟通

一定要选择对方清醒的时间传递信息，并且传递信息时有张有弛、疏密得当，让接收信息的人感到轻松愉快；在地点上，要尽量减少干扰因素，使沟通双方感到轻松自然。发送者要根据接收者的心理特征、知识背景等状况，调整自己的谈话方式和措辞，要避免以自己的职务、地位、身份为基础去进行沟通。当与他人说话时，需要针对交际对象的特点和语言环境做出必要的调整，还要根据语言交流的主题，选择和使用恰当的语言，做到有的放矢，取得缓解气氛、增进友情的作用。

瑞士厄堡村有一块要求游客不要采花的通告牌，上面分别用英、德、法三种文字写着："请勿摘花"、"严禁摘花"、"喜爱这些山峦景色的人们，请让山峦身旁的花朵永远陪伴着它们吧！"由此不难看出瑞士旅游业人士对不同游客的民族心理特点的充分考虑。英国人讲面子，崇尚绅士风度，因此，用"请"；德国人严守律令，故采用"严禁"；法国人浪漫且重感情，所以用了富有激情的语句。这样就与不同交际对象的民族心理特点相吻合了。

5. 始终把尊重放在首位

不仅要尊重对方的人格，还要尊重对方的话语权，允许对方的意见与自己不一样。在沟通中，无论自己是否同意对方的意见和观点，都要学会尊重对方，给对方说出意见的权利，同时将自己的观点更有效地与对方进行交换。随意打断别人、否定别人是对对方的不尊重。

6. 站在对方的角度换位思考

只有换位思考，才能理解对方。在人际交往过程中，做到"己所不欲，勿施于人"，经常进行心理换位。运用人际沟通的黄金法则和白金法则，都可以帮助我们进行换位思考。

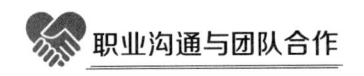

7. 善于倾听，注意互动

人际沟通中，"听"比"说"更重要。倾听时要集中精力，点头、微笑、做记录、复述、适当提问等，充分体现出对他人的尊重，绝对不要随意打断他人。善于倾听，不仅要听对方说什么，还要善于听出对方所表达的感受、需求，用同理心去关注对方。

8. 善于鼓励和肯定，把成就给对方

"鼓励和称赞可以让白痴变天才"。真诚的鼓励、肯定，把成就给对方，可以满足对方的自尊心，也是尊重别人的体现。

9. 始终保持积极的心态

心态对人的行为具有非常重要的影响。在人际沟通中要尽可能保持乐观、积极、向上的态度，避免消极、悲观的态度，在沟通中保持平和的心态，这样才能达到沟通的预期效果。自己情绪不佳时及时调整，保持喜悦心。发现并关注事情的积极面。不同意对方观点时，要对其信息保持积极的态度。保持良好的心态，积极主动与他人进行沟通，做到不卑不亢、平等真诚，这样才能避免自卑和自负造成的沟通障碍，赢得他人的尊重。

10. 以情动人，以理服人

在人际沟通中要善于驾驭自己的感情，根据不同的人、事以及环境、气氛，恰当地、情真意切地表达自己的喜、怒、哀、乐，以打动对方。只有真情实感才能够感染和打动人。沟通中还要坚持实事求是，以理服人。在人际沟通过程中，说话办事要实事求是，言论行为要符合社会规范，相处交往要体谅他人。与人交往发生矛盾时，最好的办法是避开对方最有力的攻击，寻找对方薄弱环节有理有力地进行反击，以理服人。如果与人交往中发现自己确实错了，切不可强词夺理，不妨主动认错，赔礼道歉："对不起，我错了"，这样显得诚恳而又豁达，更易赢得别人的谅解、同情和赞许。

11. 恰当地运用语言和非语言信息

在人际沟通过程中，语言是必不可少的工具。正确地运用语言，选词造句准确恰当，中心鲜明突出，逻辑思维严密，语言流畅，语气语调合理选择，恰到好处，就能够保证人际沟通获得更大的成功。还要善用非言语信息，非言语信息往往比语言信息更能打动人。因此，如果你是发送者，你必须确保发出的非语言信息能够强化语言的作用。如果你是接收者，则要密切注意对方的非语言信息的提示，以便全面理解对方的意思、情感。

任务二　能力训练

一、案例分析（"借我一双慧眼"）

1. 拿破仑·希尔亲身经历的故事

成功学大师拿破仑·希尔叙述过这样一个自己的亲身经历：有一天，有位老妇人来到我的办公室，送进来她的名片并且传话，她一定要见到我本人。我的几位秘书虽然多方试探，却无法诱使她透露出她来访的目的及性质。因此，我认为，她一定是位可怜的老妇人，想要向我推销一本书。同时，我想起了母亲也是一位女人，于是我决定到接待室去，买下她所推销的书；不管是什么书，我都决定买下来。

当我走出我的私人办公室，踏上步道时，这位老妇人——她站在通往会客室的栏杆外面——脸上开始露出了微笑。

我曾经见过许多人微笑，但从未见过有人笑得像这位老妇人这般甜蜜。这是那种具有感染力的微笑，因为我受到她的精神影响，自己也开始微笑起来。

当我来到栏杆前时，这位老妇人伸出手来和我握手。一般来说，对于初次到我办公室访问的人，我一向不会对他太友善，因为如果我对他表现得太友善了，当他要求我从事我所不愿做的事情时，我将很难加以拒绝。

不过，这位亲切的老妇人看起来如此甜蜜、纯真而无害，因此，我也伸出手去。她开始握住我的手，到这时候，我才发现，她不仅有迷人笑容，而且，还有一种神奇的握手方式。她很用力地握住我的手，但握得并不太紧。她的这种握手方式向我的头脑传达了这项信息：她能和我握手，令她觉得十分荣幸。在我的公共服务生涯中，我曾经和数千人握过手，但我不记得有任何人像这位老妇人这般深通握手的艺术。当她的手一碰到我的手时，我可以感觉到我自己"失败"了。我知道不管她这一次是要什么，她一定会得到，而且我还会尽量帮助她达成这项目标。换句话说，那个深入人心的微笑以及那个温暖的握手，已经解除了我的武装，使我成为一个"心甘情愿的受害者"。

这位老妇人十分从容，好像她拥有了整个宇宙一般（而我当时真的相信，她拥有这种力量）。她开始说：

"我到这儿来，只是要告诉你（接着，就是一个在我看来十分漫长的停顿），我认为你所从事的，是今天世界上任何人都比不上的最美好的工作。"她在说出每一个字时，都会温柔但紧紧地握一握我的手，用以强调。她在说话时，会望着我的眼睛，仿佛看穿了我的内心。

在我清醒之后（当时的样子仿佛昏倒了，这已经成为我办公室助手之间的一大笑话），立即伸手打开房门的小弹簧锁，说道："请进来，亲爱的女士，请到我的私人办公室来。"我像古代骑士那般殷勤而有礼地向她一鞠躬，然后请她进去坐一坐。

在以后的45分钟内，我静静聆听了我以前从未听过的一次最聪明而又最迷人的谈话，而且，都是我的这位客人在说话。从一开始，她就占了先，而且一路领先，直到她把话说完之前，我一直不想去打断她的话。

她一坐在那张大椅子上之后，立刻打开了她所携带的一个包裹，我以为是她准备向我推销的一本书。事实，确实是书，是我当时主编的一份杂志的合订本。她翻阅这些杂志，把她在书上做了记号的部分都一一念出来。同时，她又向我保证说，她一直相信她所念的部分都有成功哲学作基础。

在她这次访问的最后三分钟内，在我处于一种完全被迷惑，而且能够彻底接受别人意见的状态下，她很巧妙地向我说明了她所推销的某些保险的优点。她并没有要求我购买，但是，她说明的方式在我心理上造成了一种影响，驱使我主动想要购买。而且，虽然我并未向她购买这些保险，但她仍然卖出了一部分保险。因为我拿起了电话，把她介绍给另一个人，结果她后来卖给这个人的保险金额，是她最初打算卖给我的保险金额的5倍。

【思考与讨论】

(1) 老妇人与拿破仑·希尔的沟通为什么很成功？

(2) 本案例对你有什么启示？

2. 重读案例《沟通很重要》

思考：

（1）案例里的沟通违背了人际沟通的哪些原则？

（2）造成这一结果的根本原因是什么？

（3）如果你是案例里的角色（我、丈夫、婆婆），应该怎样沟通才能避免悲剧的发生？写下你沟通的时间、地点、对象和沟通方式。

(4) 重读案例对你有什么新的启发？

二、活动训练

1. 杀手游戏

十人左右为一组，分别担任法官、警察、杀手、平民的角色。通过游戏锻炼沟通中必须的多种能力（观察能力、倾听和语言表达力、判断能力、综合运用信息能力以及团队合作能力）。

思考：为什么会赢？为什么会输？跟沟通有什么关系？

2. 依照人际沟通的原则，与父母做一次深刻的沟通交流，并记录下沟通的全过程。

要求：写下与父母沟通中运用到的人际沟通法则和原则，沟通前的准备，沟通目的，与父母沟通的具体时间、地点、过程、结果及对整个沟通过程的自我反思。

附：

人际沟通评价表

项目	评价内容	满分	自我评价占20%	小组评价占30%	教师评价占50%	实际得分
沟通目的	沟通目的明确，始终围绕目的沟通不偏不离。	10				
主动性	沟通过程主动、积极。	10				
沟通心态	心态积极，沟通中能随时调整自己保持理智状态，表现出感恩心、随喜心、包容心。	20				
沟通法则	符合沟通的黄金法则和白金法则。	10				
沟通原则	符合沟通的原则：尊重、理解、宽容、坦诚、及时、适当。	10				
语言运用	语言表达准确流畅、清晰响亮、热情自然，语言沟通技巧运用得当。	10				
非语言运用	非语言运用得当，服饰得体，表情到位，仪容仪表整洁大方，有礼貌。	10				
目标达成	沟通效率高，目标达成度高。	20				

第三篇

掌握方法 巧妙沟通

方法篇

> 谈话，和作文一样，有主题，有腹稿，有层次，有头尾，不可语无伦次。
>
> ——梁实秋

任务目标

一、知识与能力

1. 能够掌握并复述沟通方法的重要性。
2. 能够以良好的声音质量进行人际沟通。
3. 能够了解和分析影响听的干扰因素，控制和避免这些因素对听的影响。
4. 能够明确并复述非语言沟通的作用。

二、过程与方法

1. 能够使用各种倾听的反馈技巧，帮助交流活动顺利进行。
2. 能够灵活运用说话的语言技巧，达到沟通的目的。
3. 能够掌握有效提问的语言技巧，巧妙回答，提高沟通的艺术性。
4. 能够运用非语言沟通的表现形式做好沟通。

三、情感、态度和价值观

1. 培养自己主动沟通的良好习惯。
2. 能够树立沟通中尊重理解他人、换位思考的意识。

第一节　语言沟通

学习目标

一、知识与能力

1. 能够复述有声语言的基本要求。
2. 能够运用语言沟通的基本原则开展人际沟通。

二、过程与方法

1. 熟练掌握并运用语言沟通的技巧。
2. 提高运用相关知识解决实际问题的信心和能力。

三、情感、态度和价值观

养成良好的沟通习惯和风格，形成得体的沟通综合能力。

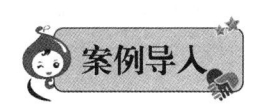

案例导入

灾难性差错

第二次世界大战后期，日本的败局已定。1945年7月26日《波茨坦公告》发表，日本当局一看盟方提出的投降条件比他们想象的要宽松得多，便高兴地决定把公告分发各报刊登载。7月28日铃木首相接见新闻界人士，在会上公开表示他将MOKUSATSU同盟国的最后通牒。可惜这个词选得太不好了。首相原意是说他的内阁准备对最后通牒"予以考虑"，可是这个词还有一个意思，就是"置之不理"。事也凑巧，日本的对外广播机构恰恰选中了这个词的第二个意思并译成英语词语"TAKE NO NOEICE OF"。此条消息一经播出，全世界都听到了日本已拒绝考虑最后通牒，而不是正在考虑接受。消息播出后，美方认为日本拒绝公告要求，便决定予以惩罚。

8月6日，美军在广岛投下了威力巨大的原子弹。这真是一场灾难性差错——导致几十万生灵涂炭！

思考：日本首相由于选词不当导致了灾难性的差错。那么，我们在与人沟通过程中，是否也有表达不当引起误会的时候呢？我们又该如何正确地表达自己的意图呢？

任务一　恰当的点评

任务详情：课堂上，你需要对某同学的表现进行点评，该同学比较内向敏感，你该如何表达才能既指出对方的不足又不伤害到敏感的她？

一、有声语言的基本要求

有声语言表达的目的是实现人与人之间思想和感情的交流，表达者都希望对方能明白、理解和接受自己的意思。

（一）言之有"礼"

即根据特定的情境采用文明得体的用语。语言是社会交际的工具，是人们表达意愿、思想感情的媒介和符号。语言也是一个人道德情操、文化素养的反映。在与他人交往中，如果能做到言之有礼、谈吐文雅，就会给人留下良好的印象；相反，如果满嘴脏话甚至恶语伤人，就会令人反感讨厌。言之有礼，谈吐文雅，主要有以下几层含义：

一是态度诚恳、亲切。说话本身是用来向人传递思想感情的，所以，说话时的神态、表情都很重要。例如，当你向别人表示祝贺时，如果嘴上说得十分动听，而表情却是冷冰冰的，对方一定认为你只是在敷衍而已。所以，说话必须做到态度诚恳和亲切，才能使对方对你的说话产生表里一致的印象。

二是用语谦逊、文雅。如称呼对方为"您"、"先生"、"小姐"等；用"贵姓"代替"你姓什么"，用"不新鲜"、"有异味"代替"发霉"、"发臭"。如你在一位陌生人家里做客需要用厕所时，则应说："我可以使用这里的洗手间吗？"或者说："请问，哪里可以方便？"等。多用敬语、谦语和雅语，能体现出一个人的文化素养以及尊重他人的良好品德。

三是声音大小要适当，语调应平和沉稳。无论是普通话、外语、方言，咬字要清晰，音量要适度，以对方听清楚为准，切忌大声说话；语调要平稳，尽量不用或少用语气词，使听者感到亲切自然。

（二）言之有"物"

即有具体内容，不讲空话、套话或含糊不清的话。要想把话说好说贴切，除了充分发挥语言的表意功能，还要有丰富的词汇储备，只有在这个基础上才能精心选择最贴切、最恰当的词汇，正确地反映客观事物，真切地表达自己的思想感情。试想一说起话来就没词，颠来倒去就是那几句话，没有一点生动活泼的语言，难免让人觉得枯燥无味、味同嚼蜡。

（三）言之有"序"

即按一定的顺序说，注意事物内在的联系及因果关系。我们在讲话中最常见的毛病就是言之无序。具体表现就是：颠三倒四，丢三拉四，前后矛盾，主次不分，没有重点，啰啰唆唆，没有条理。

如何做到讲话条理分明呢？最主要的就是我们的思维要清晰，要有逻辑性。我们这里介绍一种最常用的"三点论"的方法，大家运用这种方法就能迅速组织思维、组织词语。

"三点论"是一套快速地把一些理念整理出一套逻辑的技巧，可使文字表达方面清晰、有条理，同时组织性强。"三点论"用在写演讲词（尤其是在极短的时间内即兴发言）、发表意见、写文章等方面都很有效，而且非常容易掌握。

"三点论"有很多例证，从这些例证中，我们能够体会"三点论"的普遍应用性。如：

时间：过去、现在、未来；初期、中期、后期；第一个十年、第二个十年、第三个十年。

地点：内地、香港、台湾；家中、公司、市场；上、中、下……

人物：自己、对方、第三者；买方、卖方、中间人；上司、自己、下级……

其他方面：结果、因素、现象；生理、心理、情绪；准备、执行、检讨……

（四）言之有"节"

即话要简洁明了，不拖泥带水。把要表达的内容表达出来，不要画蛇添足、废话连篇。

二、语言沟通技巧

（一）进行委婉表达

委婉表达在书面语中主要表现为一种语言的表达方式。在沟通中，它又是一种处理问题的态度和方法。恰当地运用委婉表达，能够鲜明地表明人们的立场、感情和态度。这样做，使对方乐于接受，达到说话的目的，又可以增强语言的形象性和生动性。

美国小说家马克·吐温到某地旅馆投宿，人家早就告诉他此地蚊子特别厉害。他非常担心晚上是否能安稳睡觉，想事先向服务员打招呼，又觉得这样做未必效果好，服务员不一定乐意接受。他在服务台登记房间时，一只蚊子正好飞来。马克·吐温对服务员说："早听说贵地蚊子十分聪明，果如其然，它竟会预先来看我登记的房间号码，以便晚上对号光临，饱餐一顿。"服务员听后不禁大笑。结果那一夜马克·吐温睡得很好，因为服务员也记住了房间号码，提前进房做好灭蚊防蚊的工作。马克·吐温如果生硬地告诉服务员要怎样赶蚊子，就不一定能达到这种效果。马克·吐温的话很委婉，让服务员易于接受，当然乐意尽心服务了。

（二）使用模糊语言

我们在客观世界里所遇到的各种各样的客观事物，绝大多数都没有一个明确的界线。作为客观世界符号表现的语言也必然是模糊的。巧妙地利用语言的模糊性，使语言更能发挥它神奇的效用，是人际沟通追求的目标之一。

1. 化难为易

"化难为易"也称"化险为夷"。在人际沟通中，常会遇到难以应付的棘手场合，也会有非说不可却难以启齿的局面，怎么办？成功的沟通者往往会用模糊语言，使自己摆脱这种尴尬的处境。

在某大商场，有一位顾客拿了几个西红柿，然后混杂在已经称好重量并交款的蔬菜中转身就走。这时，售货员发现了这一情况。如果她高喊"捉贼"，势必会影响商场的秩序，损伤商场的声誉，可能会大吵大闹一番。富有经验的售货员会两手一拍说："哎呀！请您慢走一步。我可能刚才不注意，把蔬菜的品种拿错了，您再回来查查看。"这位顾客无奈也只得回来，售货员把蔬菜重新称过，随手就将西红柿拣了下来。售货员此时说"可能"、"查查看"都是模糊词语，但收到了神奇的公关效果。

2. 缓和语气

在某些情况下，对方可能故意损害你，使你怒发冲冠、情绪激动，气氛顿时紧张起来。在这种情况下，注意使用模糊语言，易于控制自己的情绪，缓和气氛，使事态朝好的方向发展。

在我国南方一个城市，正值下班时间，乘车的人特别多，车已爆满。乘客们把车堵得严严的，车内乘客不容易看到车已行驶到哪一站。尽管乘务员大声报告站名，但总有乘客错过站。有一位错过站的乘客慌慌张张地擂门大叫："售票员，下车！"乘务员也非常生气，正要酝酿几句奚落挖苦的话，正巧这时有一位公关人员在车内，及时地插嘴说："售票员不能下车。售票员下车了，谁来售票？"这时，不仅那位错过站的乘客情绪缓和下来，连乘务员也和颜悦色起来。这位公关人员就利用"售票员下车"一句话的模糊性来为乘务员解了围,剑拔弩张的气氛缓和了,一场争吵避免了。

如果我们用模糊语言来淡化紧张气氛,就可以控制情绪。它能使我们与他人交往时不致紧张,在公关时能摆脱困境。即使在一触即发的关键时刻,它也可以使我们从容地脱身出来,摆脱不愉快的窘境或矛盾漩涡。

3. 点到为止

模糊语言要有分寸,要点到为止。不该说的不说,能把自己意思表达明白,却不伤害别人,不能直言不讳,要把自己的意思曲折地表达出来,并且要让对方明白。

我国一位著名的播音员到精神病院采访,采访提纲中原先写的是:"您什么时候得的精神病?"这位播音员感到这种话会刺激病人,就临时改口问道:"您在医院待多久了?住院前感觉怎么不好呢?"委婉含蓄的提问,采取的是模糊语言,使对方易于接受,不致产生反感。在采访结束时,这位播音员说:"您很快就要出院了,真为您高兴。""精神病"这个词对于精神病患者十分忌讳,播音员在采访时自始至终注意回避这个词。

模糊语言的运用要掌握分寸,过于模糊,对方不了解自己的意思,就失去了交际的作用。过于直露,又会伤害别人。只有既模糊又适度,在模糊语言中透露出自己真实的语意,才能达到有效沟通的目的。

(三) 幽默表达

幽默手法的运用必须自然,切记强求。第一,幽默只是手法,而非目的;第二,幽默是一种精神现象,不只是简单的笑话或滑稽所能描述。幽默是一种风格、行为特性,是智慧、教养、道德处于优势水平下的一种自然表现。

任务二 能力训练

一、案例分析

某公司的党委书记把工会秘书小陈叫到办公室,问道:"你们工会是怎么回事?听办公室的同志说,就差你们的学习计划没有报上来了!刚才我打电话找你们主席也不在。上次开会也没有出席,你们工会组织这种拖拖拉拉的作风要改一改了!"小陈只是默默听着,频频点头,虽然他知道主席最近因为儿子出差,小孙子患病住院,没有参加会议,并耽误了报学习计划。但小陈本来就是个胆小内向又怕事的人,又

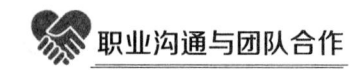

刚来上班不久，见书记是个急性子，也就不解释。只是回去向工会主席汇报："主席，党委书记批评我们作风拖拖拉拉，说您上次没有参加，计划也没交，我们工会作风要改一改了。"主席一听，火了："我家出了事，哪有时间管会议和计划，而且上次会议不是向党办老李请假了，这书记也太官僚了！"从此以后工会主席就对党委书记冷眼相看，党委书记也不看好工会。

思考： 如果你是秘书小陈，该如何沟通才能避免双方产生矛盾？

二、模拟实训

于雪的上司吴总是公司负责营销的副总，为人非常严厉。吴总是南方人，说话有浓重的南方口音，经常"黄"与"王"不分。他主管公司的市场部和销售部，市场部的经理姓黄，销售部的经理又恰好姓王，由于"黄"与"王"经常听混淆，于雪非常苦恼。这天，于雪给吴总送邮件时，吴总让她"请黄经理过来一下！"是让王经理过来还是让黄经理过来？于雪又一次没听清吴总要找的是谁。

问题：面对这种情况，于雪该怎么处理？

三、自主学习

运用语言沟通的知识和技巧,由 3 到 4 名同学自由组成小组,其中 1 人为讨论组织者,任选以下问题进行讨论,5~8 分钟完成讨论,并派一人当众综述沟通结果。

1. 你们几位同学都是电影爱好者,打算成立一个校内影迷协会,作为发起者,请讨论它的可行性。

2. 你们几个同学都是超级数码影迷,一直想自导、自拍、自演一部 DV,现在商量实施方案。

3. 如果你们班有一名同学因经济困难假期无钱回家,几个好朋友想帮助他,但他的自尊心很强,讨论一个最得体的办法。

4. 假设你们班得到优秀班集体的奖金是 1000 元,你们几个是班干部,现在商议一下这笔奖金的处置方案。

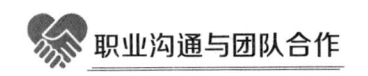

第二节 倾听

学习目标

一、知识与能力

1. 能复述倾听的作用。
2. 能够分析阻碍倾听的干扰因素。
3. 能够排除干扰，主动倾听。

二、过程与方法

学会使用各种倾听的反馈技巧，帮助交流活动顺利进行。

三、情感、态度和价值观

培养在倾听中懂得尊重他人、理解他人的情感。

案例导入

古希腊哲学家阿那克西米尼晚年的时候声望很高，拥有上千名学生。一天，这位两鬓花白的老者蹒跚着走进课堂，手中捧着一摞厚厚的纸张。他对学生说："这堂课你们不要忙着记笔记，凡是认真听讲的人，课后我都会发一份笔记。一定要认真听讲，这堂课很有价值！"

学生们听到这番话，立刻放下手中的笔，专心听讲。但没过多久就有人自作聪明——反正课后老师要发笔记，又何必浪费时间去听讲呢？于是开起了小差。临近下课时，这些学生觉得并没听到什么至理名言，不禁怀疑起来：这不过是一堂普通的课，老师为什么说它很有价值呢？

课讲完了，阿那克西米尼将那摞纸一一发给每位学生。领到纸张后，学生们都惊叫起来："怎么是几张白纸呀！"阿那克西米尼笑着说："是的，我的确说过要发笔记，但我还说过请大家一定要认真听讲。如果你们刚才认真听讲了，那么请将在课堂上所听到的内容全部写在纸上，这不就等于我送你们笔记了嘛。至于那些没有认真听讲的人，我并没答应要送他们笔记，所以只能送白纸！"

学生们无言以对。有人懊悔刚才听讲心不在焉，面对白纸不知该写什么；也有人快速地将所记住的内容写在白纸上。后来，只有一位学生几乎一字不落地写下了老师所讲的全部内容，他就是阿那克西米尼最得意的学生、日后成为古希腊著名哲学家的毕达哥拉斯。阿那克西米尼满意地把毕达哥拉斯的笔记贴在墙上，大声说："现在，大家还怀疑这堂课的价值吗？"

阿那克西米尼一贯主张人生最大的财富是倾听。只有乐于并善于倾听，才可能成为知识的富翁，而那些不愿意倾听的人，其实是在拒绝接受财富，终将沦为知识的穷人。

思考：人生的课堂上，你是否认真倾听了呢？

任务一　安抚激动的客人

任务详情：飞机晚点了，有几位陕西籍客人情绪非常激动，不停地大声说着家乡话，语速也非常快，你是机场客服人员，你该怎样安抚情绪激动的客人？如何做到有效倾听和解决问题？

一、倾听的作用

1. 倾听是获取信息、开阔视野的重要途径

"听君一席话，胜读十年书"，这句俗语从倾听的角度说明了倾听是获取信息、开阔视野的重要途径。

2. 倾听是对别人尊重和鼓励的特殊方式

根据人性特点，我们都知道人们往往对自己的事更感兴趣，对自己的问题更关注，更喜欢自我表现。一旦有人专心倾听我们的话时，就会感到自己被重视。我们真诚地投入他人的倾诉，恰到好处的反应是对他人尊重和鼓励的最好方式。

3. 倾听是为自己争取主动的关键

在时机未到时选择倾听并保持沉默是一种"大智若愚"的艺术，在商业活动中多听少说，甚至不说，这样做的目的是为了获得最大的利益。

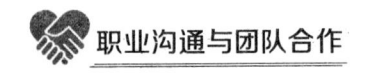

4. 倾听可增进彼此的理解与信赖

表露内心的事，可以消除两人之间的误会、隔阂、不信任与敌对，使两人之间的关系更为密切。由此来看，倾听可谓是彼此沟通的桥梁，误解与愤恨都会随着有效的倾听化为乌有，感情也会伴着彼此的倾听更进一步。

5. 倾听可改善周围环境的气氛，有利于获得身心健康与成功

心理学家们指出，善于倾听的人容易克制冲动，控制愤怒，拥有一个较为和平的人际环境，这对于成功与健康是有百益而无一害的。

二、阻碍倾听的因素

1. 倾听者的注意力不集中

倾听者受到内部或外部因素的干扰而无法集中注意力，这是最常见的阻碍倾听的因素。当你疲倦和胡思乱想时，或是对说话者所传递的信息不感兴趣时，你都很难集中注意力。

2. 倾听者打断说话者

倾听者打断说话者也是阻碍倾听的因素之一。在回应说话者之前，应该先让他把话说完。对说话者缺乏耐心，甚至粗鲁地打断他们，这是对说话者本人及其信息不尊重的表现。

3. 倾听者缺乏自信

倾听者缺乏自信也是阻碍倾听的因素之一，这是因为缺乏自信会令倾听者产生紧张的情绪，而这种情绪一旦占据了他的思维，就会使他无从把握说话者所传递的信息。

4. 倾听者过于关注细节

阻碍倾听的另外一个因素是倾听者过于关注细节。如果倾听者尝试记住所有的人名、事件和时间，那么就会觉得听得太辛苦了，反而不能明白说话者的观点。

5. 倾听者任由自己分心

阻碍倾听的因素还包括倾听者任由自己分心。在倾听时，应该尽可能消除噪声或其他会令你分心的因素。电话铃声、邮件提醒或是其他人的打扰都会让你无法专注于倾听。另外，倾听时任由自己分心也是不为说话者着想和不礼貌的行为。

6. 倾听者心存偏见

偏见让倾听者无法对说话者所传递的信息保持开放和接纳的心态。这是因为，偏见是人在倾听之前就已经对说话者或他所传递的信息做出了判断。

7. 倾听者不重视信息

鲁莽的认为某个信息枯燥无味，产生"不在乎"的情绪，并且拒绝花费时间和精力去评估这个信息，这些行为都表明倾听者不重视说话者所提供的信息。

三、倾听技巧

1. 使用目光交流

眼睛是心灵的窗户,双方交谈时,要注意保持目光交流。通常情况下,用柔和目光不时地注视对方的眼睛,表明自己对所讲的内容感兴趣,同时,传达了友好的感情和积极鼓励的信息。在谈到高兴的话题时,听话者看着对方会使对方有愉悦之感;在谈论令人不愉快的或难以解决的复杂问题时,双方应避免目光接触,这时候,节制目光的直接注视是礼貌并能理解对方情绪的表现,否则可能会引起对方愤懑。当双方距离越近时,越要避免目光接触。另外,斜视和心不在焉的呆滞或东张西望会使说话者产生不良印象。

2. 使用身态语言表示

用点头、微笑和皱眉等身态语言表示自己的兴趣。参与的姿势要放松,手臂不要交叉,不要僵硬不动,要随说话人的语言作出反应。坐着的时候要面向说话人,身体略向前倾,可以随着说话人的姿势不断调整自己的姿势。

3. 使用有声语言回应

必要时,边听边用"嗯、哼、啊、我明白了、我知道、没错、对"等词语来肯定和赞扬说话者,表示你的兴趣和鼓励对方继续说下去。

4. 记笔记

在条件允许的情况下,特别是重要性的交谈或会议上,做笔记是表明自己在积极倾听的重要动作。记笔记有很多好处:

(1) 能听清楚并记录下所说的全部内容。

(2) 能理清说话者的主要观点。

(3) 能注意到信息的重点,并会留下书面材料,反复琢磨,深入理解。

在主动倾听时,还要注意不要随意插嘴和打断对方讲话;不要抢着帮别人说话。随意打断对方的讲话,会被视为不礼貌,引起他人反感。除了双方关系十分密切、十分随意的场合可以随便插话外,一般情况下,需要确认接受的信息是否准确或表达自己的意见时,在合适的时机,可以礼貌地请求插话,如"对不起,打断一下……",对方允许后,可以插话。

总之,主动倾听不仅是为了自己避免信息的误解,同时需要让对方知道自己是在倾听。在对方说话的时候有相应的动作,能让对方完全觉得你在认真倾听,表明你对对方的尊重。倾听是有效沟通的润滑剂和刺激剂。

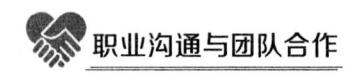

任务二　能力训练

一、案例分析

1. 下面的案例对你有哪些启发？

古时有一个国王，想考考他的大臣，就让人打造了三个一模一样的小金人让大臣分辨哪个最有价值。最后，一位老臣用一根稻草试出了三个小金人的价值，他把稻草依次插入三个小金人的耳朵，第一个小金人稻草从另一边耳朵里出来，第二个小金人稻草从嘴里出来，只有第三个小金人，稻草放进耳朵后，什么响动也没有，于是老臣认定第三个小金人最有价值。

_____

_____

2. 吴伟生意失败的原因是什么？如果你是吴伟应该怎么做？

吴伟向一位客户销售家具，交易过程十分顺利。客户正要掏钱付款时，一位同事向他谈起了昨天的足球赛，吴伟一边津津有味的说笑一边伸手接货款，不料客户掉头走了，家具也不买了。吴伟百思不得其解，次日打电话询问，客户不高兴地说："昨天付款时我跟你谈起我的小女儿，她刚考上北京大学是我们全家的骄傲，可你一点也没有听见，只顾跟你的同伴谈足球赛。"

_____

_____

3. 一位男士，在"大钊训练"班上坦诚地讲了这样一段他的亲身经历：

现如今，我可能是最令同龄人羡慕的男士了。为什么这样说呢？大学毕业后，我顺利考取了公务员，如愿以偿地进入了某市驻京办事处，刚刚30出头就晋升为办公室主任。达到婚龄时，又适时认识了刚从空姐岗位退下来并被外资公司高薪聘请为人力资源部经理的妻子。结婚后，在单位的福利补贴下，在北京东三环南段的潘家园拥有一套150平方米的住房。婚后一年,又增添了活泼可爱的儿子,随后又以一次性付款的方式,开回了一辆桑塔纳"时代超人"。房子、车子、妻子、儿子、票子我全部都拥有了。

说到这,大家会以为我比别人多长了三头六臂,或者聪明、会来事,甚至怀疑我有什么"背景"。那我坦率地告诉大家什么都不是。不过,我有段经历,在这儿与大家分享一下:

记得我刚参加工作时,无意中看了一本有关体态语言方面的书,里面有段话提醒了我。这段话是这样说的:"人在职场,要想尽快让领导发现你、提拔你、重用你,除必要的专业基本功和综合素质外,还要学会送一份'大礼'"。

书中说的这份大礼是什么呢?请听好——这就是"开会专挑前排坐,领导讲话时,侧耳细听,目光交流,适时点头,拿笔记录。"

当时正逢我在参加岗前培训,上上下下的领导轮番给我们训话。我半信半疑地按书中的这些要点去做。果不其然,培训结束,唯我一人分配在办公室工作,以后仕途也是很顺利。

(1) 案例中所讲的"送大礼"(开会专挑前排坐,领导讲话时,侧耳细听,目光交流,适时点头,拿笔记录)实际上是指什么?

(2) 为什么这份"大礼"有如此的奇效?它反映了与人交流中的什么道理?

(3) 对照一下,你在交流中是否有"礼"?从今以后,你也试试,向领导和所有的同事、朋友送上同样的"大礼",看看有没有奇效。

二、听说训练

老师给同学们讲一个故事或者读一篇文章,然后让同学们做以下事情:
(1) 根据记忆,写出这个故事的大意。
(2) 让同学们上台复述,大家分组给予评价。

第三节 问

学习目标

一、知识与能力

1. 明确"问"在沟通中的重要意义。
2. 能根据不同的场合用恰当的语言、得体的方式进行提问。

二、过程与方法

在训练中掌握提问的方式技巧。

三、情感、态度和价值观

培养尊重他人、积极沟通的处事态度及开朗大方的性格。

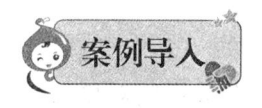

案例导入

在美国举行的体操世锦赛上，美国 NBC 电视台女记者采访奥运会冠军李小鹏时的问题是："你平时喜欢干点什么？你最好的朋友是谁？拿了冠军之后你的生活会发生怎么样的改变？"而《洛杉矶时报》记者采访中国体操队总教练黄玉斌时的提问则是："如果不当教练你最想做什么工作？你的家人对你从事体操运动有抱怨吗？你有孩子吗？"相比之下，中国记者的提问就显得很严肃认真，他们紧皱眉头问道："中国队的失误为什么会这么多？我们为什么会落后美国队两分多？赛前准备会你对队员们讲了些什么？"更有中国记者问黄玉斌："你估计明年奥运会中国体操能拿几块金牌？当然不可能拿全部了，一半应该能到手吧？"如此，就难怪我们的运动员在回答美国记者的提问时往往显得非常开心，而在回答中国记者的提问时经常结结巴巴了。

分析： 同学们，在这个案例中，美国记者的提问让人开心，而中国记者的提问却让人紧张，之所以会有截然不同的结果，原因是他们采取了不同的问题和提问方式。

思考： 同学们，在这个案例中美国记者和中国记者带给对方不同的心理感受，这个案例给我们怎样的启发？

任务一　征询顾客意见

任务详情： 某酒店打算进行一次大规模的装修，但在装修之前需要广泛征询领导、顾客和员工的意见，这项工作就落在客户经理小 W 的身上，她怎样做才能收集到顾客最真实的意见和想法呢？又该怎样征询领导与员工的意见呢？不同的沟通对象需要不同的提问方法吗？请你帮帮他。

在社交活动中，提问往往是交谈的起点，是把话题引向深入的方式之一。因此，会不会提问，该怎么问，问什么，都直接影响着交际的效果。下面介绍几种提问的方式技巧。

一、直接提问法

提问者从正面直接提问，开诚布公、干脆利落、直截了当地讲明询问目的，开门见山地提出问题。

在运用正面提问法时要注意情感的铺垫，使对方心理上会舒缓一些，也能合作一些，同时防止提问过于直白的问题，以免显得过分生硬，容易造成询问对象的心理排拒，难以获得有价值的信息和材料，而且还会给人一种笨嘴拙舌的感觉。

二、限定提问法

人们有一种共同的心理：认为说"不"比说"是"更容易、更安全。所以，一般在沟通过程中，提问者向回答者提问时，应尽量设法不让对方说出"不"字。提问者在问题中给出两个或多个可供选择的答案，此时可采用限定提问法，即两个或多个的答案都是肯定的。如与别人订约会，有经验的提问者从来不会问对方："我可以在今天下午来见您吗？"因为这种只能在"是"或"不"中选择答案的问题。如果将提问方式改为限定型，即改问："您看我是今天下午 2 点钟来见您还是 3 点钟来？""3 点钟来比较好。"当他说这句话时，提问的目的就已经达到了。

三、迂回提问法

迂回提问是指从侧面入手，采用聊天攀谈的形式，然后逐步将问题引上正题。这种提问方式一般时间性不太强，谈话也不受特定场合与报道方式的限制。当沟通对象感到紧张拘束，或者思想上有所顾虑不大愿意交谈，或者虽然愿意谈，却又一时不知该怎么谈的情况下，提问者可以采取侧面迂回的提问方式，逐渐将谈话引上正题。应当明确的是，旁敲侧击只是一种手段而不是目的。因此，聊天的内容应当是有目的、有选择的，表面上似乎和采访无关，实质上应该是有关联的。

四、诱导提问法

当遇到询问对象了解很多信息，却因谦虚不大愿意说，或者由于性格内向不会说，或者要谈的事情需要一番回忆，或者对方想说又不便自己主动说等情况时，都可以采取诱导提问方法。采用启发诱导的方式，可以引导对方的思路，又可以诱发对方的情感，进一步引导对方明确沟通的范围和内容，渐渐打开对方的"话匣子"，也可以激活对方的思路，引起对方的联想，从而有针对性地把沟通对象掌握的信息引导出来。

五、追踪提问法

所谓"追踪提问法"，是指提问者把握事物的矛盾法则，抓住重点，循着某种思路、某种逻辑，进行连续的提问。这种提问既要按照事物的内在联系，把基本情况和事实真相了解清楚，又要抓重点，深入挖掘，达到应有的深度。一般来说，提问者对于触及事物本质的关键性材料，以及对方谈话中的疑点，或者从对方谈话中发现的有价值的新情况、新线索，往往会抓住不放，打破沙锅问到底，直至水落石出。但是追问，既要问的对方开动脑筋，又要让对方越谈越有兴趣，态度、语气都要与谈话的气氛协调一致，不要把追问搞成逼问，更不要变成变相"审问"。

六、假设提问法

假设提问法是指假设者通过假设的方式提出一些假设性的问题，是一种"试探而进"的提问方法。这种提问方法采用"如果"、"假如"一类的设问方式，不但可以了解采访对象的观点、看法和见解，而且还能深入了解对方的内心世界。

假设提问法往往用来启发沟通对象的思路，引导对方谈出对某个问题、某种事情的真实想法，或者设身处地地为对方着想，积极帮助对方回忆某种情景，或者用来调节对方的情绪，促使对方谈出一些不大想说、不大好说的事情或想法，或者由提问者对人物或事物进行合乎规律的推断、预测，促使对方产生联想和想象，或者提问者已经有了一定的认识，再提出一些假设性问题，同沟通对象开展讨论，促使自己认识的变化。

七、激将提问法

激将提问法是指以比较尖锐的问题，适当地刺激对方一下，促使对方的心态由"要我说"变为"我要说"，从而不能不说，甚至欲罢不能。运用激将提问法时，提问者要考虑自己的身份是否得当，刺激的强度是否适中，还要考虑谈话的气氛怎样。有些时候尖锐、刁钻、奇特，甚至古怪的提问，是"兵行险招"，成则大成，败则大败。例如某西方政治家，也爱接待善于用"激将提问法"的记者，他们通过巧妙地回答记者刁钻刻薄的提问，能够在公众面前显示自己的才能。

《新华日报》有一记者，根据国务院关于搞好安全生产的指示，有一次去南京某厂采访，这是一个数千人的大厂，因安全措施落实得好，已连续7年未发生过一起安全事故。由于记者事先得知该厂领导有思想顾虑，不愿在报上张扬，并曾婉言谢绝过其他记者的采访，故记者一坐下来就问："记不清在哪里听说过了，你们厂今年二月份因安全措施没落实，曾经触电死过一人，是不是？"接待采访的一位副厂长顿感震惊和委屈："我们厂？二月份死过人？不可能！"记者紧追不舍："为什么不可能？"副厂长激动起来，一边示意厂办主任打开文件柜，出示安全生产记录；一边大嗓门站着讲述该厂抓安全生产的措施与经验，采访大获成功。

提问的方法丰富多样，另外还有错问提问法、插入提问法、协商提问法、转接提问法等，提问者都可以根据沟通中的具体情况，灵活地加以运用。

任务二　能力训练

一、案例分析

1. 请思考：学生是怎样主动沟通的？你对这种沟通方式有什么看法？

一次，在火车上一位老者和两个大学生坐在一起，其中一个学生瞪着眼睛看老者的脸，并问道："您的牙齿怎么那么白呀？真好！"这位老者笑了笑说："我的牙是假的，全部安装的烤瓷牙。"他们也笑了说："我们以为您的牙就这么好呢。"他们都笑了起来。以一个简单的问题开始交谈的话题，在以后几个小时的旅途中，他们在一起谈了很多，交谈使他们在愉快的气氛中度过了原本枯燥的旅途。

2. 亲爱的同学，你会怎样提问？你知道哪些有关提问的技巧吗？

北京远郊区有个山村的群众吃水很困难。后来，在当地政府的关怀下，村民都用上了自来水。记者采访一位老大娘时问道："大娘，您吃上自来水了，高兴吧？"大娘也就连着说了两个"高兴"，心里有话却因记者的直白而没能说出来。如果问："大娘，原先您想到过吃自来水吗？"或者"大娘，听说你们过去吃水好困难？"大娘心里的话就能痛快地说出来了。

3. 案例中的记者采用了哪种提问方式？如果改用直接提问法会有什么后果？比较二者的优缺点。

原山西电视台记者高丽萍，1987年在采制专题片《重访大寨录》时，她先和郭凤莲聊天。郭凤莲一听说要采访当年大寨的模范人物，就急切地说："采访别人我没意见，我是不愿意接受采访，我再也不想上电视、上报纸了。"记者问她为什么，她说："前几次有的记者找我，我正好有急事要办不在家，就说我拒绝采访，躲着不见，还有人说我对三中全会的政策不满。我根本没意见，大寨人现在不就是靠三中全会的富民政策富起来的吗？一听他们那样说我，我就生气。"

高丽萍看到对方说到这里，还是一副气鼓鼓的样子，就对她说："我理解你的心情。可我觉得要让人们真正了解你和大寨今天的情况，就得你们自己出面说话，大家才信。现在你又不接受我的电视采访，观众怎么能知道你是如何看待三中全会的政策，更不知道你的近况如何了，你说呢？"果然，这入情入理的一激很有效，郭凤莲马上就说："那好，你就采吧。可我从哪说起呢？"当下，记者就给她出了主意，对方也爽快地接受了采访。

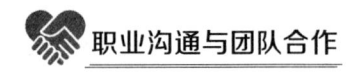

二、模拟训练

将全班同学分为三组,一组学生负责提出问题,一组学生负责回答问题,一组学生负责进行观察和评判,问题最好涉及一个主题,比如恋爱、学习、理想、网络等。可依照顺序进行轮转。通过训练,我的收获是:

_____

_____

_____

第四节　答

学习目标

一、知识与能力

1. 能复述有效回答的作用。
2. 明确回答在沟通中的重要意义。

二、过程与方法

1. 能够运用回答的方式技巧，有效回答问题。
2. 能根据不同的场合用恰当的语言、得体的方式进行回答。

三、情感、态度和价值观

培养礼貌待人、热情周到的思想意识。

案例导入

美国前总统罗斯福在海军任职时，一天，有位朋友向他打听海军在加勒比海的一个小岛上建立潜艇基地的计划。罗斯福向四周机警地看了看，压低声音问："你能保密吗？""当然能！"朋友回答。"我也能。"罗斯福微笑着说。

思考：罗斯福的回答非常巧妙。生活中总有一些问题让人难以回答，该怎样办呢？

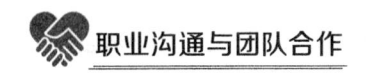

任务一　回答顾客的"难题"

任务详情：小 W 是一名三星级酒店的前台服务人员，工作积极认真，对于顾客提出的业务性问题都能有效的回答，可是有一次，她遇到一位客人问她说："你们酒店的环境怎么这样差，和五星级差远了。"小 W 不知该怎样回答，你能帮帮她吗？

回答问题是沟通过程中的重要环节之一，有效的回答建立在对提问者的观察、了解的基础之上。

一、有效回答的作用

1. 有效回答问题能够使提问者的疑问得到解答

当提问者提出问题时，或许期待关于沟通话题的更多内容，或许希望与回答者就某些问题展开辩论。回答者的角度就是要解答提问者的疑问，通过成功解答问题，可以增强回答者讲话的说服力，使对方不但获得信息，而且心悦诚服。

2. 有效回答问题能够使回答者获得进一步展示

回答者在回答问题时，要使自己继续立于讲话者的角度，他拥有提问者所不具备的优势，通过回答的系统性与连贯性，使回答者自身的能力与学识获得进一步的展示，获得沟通对象的认可。

3. 有利于减少与沟通者之间的误会

在与提问者沟通的过程中，很多回答者都经常遇到误解提问者意图的境况，不管造成这种问题的原因是什么，最终都会对整个沟通进程造成非常不利的影响。因此，回答者应该根据实际情况进一步了解，弄清提问者的真正意图，然后根据具体情况采取合适的方式进行解答，以减少沟通中的误会。

二、回答的三种方式

回答的方式技巧很多，我们介绍以下几种。

1. 针对性回答

有时问题的字面意思和问话人的本意不是一回事，我们回答时，就不仅要注意问话的表面意义是什么，更要认清提问人的动机、态度、前提是什么，使回答具有针对性。

一次，萧伯纳结识了一个肥头大耳的神父。神父仔细打量着瘦骨嶙峋的剧作家，揶揄地说道："看着你的模样，真让人以为英国人都在挨饿。"

萧伯纳马上接过话说道:"但是,看看你的模样,人们一下子就清楚了,这苦难的根源就在你们这种人身上!"

2. 艺术性回答

这里所说的艺术性回答包括避答、错答、断答、诡答。

(1)避答。这种方式用于对付那些冒昧提问者所提的问题。有时,有些问题自己不宜回答,但对方已经把问题提到面前了,保持沉默显然被动,就可以避而不答。

联合国秘书长潘基文在接受美国有线电视新闻网采访时称,他离任后将致力于思索有利于韩国的发展路径。

在被主持人问及是否会考虑竞选韩国总统一职时,潘基文答道:"首先,我已经担任联合国秘书长已达数年之久。就像我曾经向联合国成员国承诺的那样,我将奉献我全部的时间和精力,尽我所能完成所有的工作,直至12月31日在任的最后一天。此后,我会考虑我自己的未来、我的家庭和我的国家,以及我如何以最好的方式为我的国家效力。"

(2)错答。这是一种机警的口语表达技巧,既可用于严肃的口语交际场合,也可以用于风趣的日常口语交际场合。它的主要特点是不正面回答问话,也不反唇相讥,而是用话岔开问话人的问题,做出与问话意见错位的回答。运用错答的语言技巧,一是要注意对象和场合;二是使对方明白,既是回答又不是回答,潜在语是不欢迎对方的问话;三是有时要利用问话的含混意思,答话虽模棱两可,似是而非,但对方也无法理解。

比如,一个美丽的姑娘独自坐在酒吧里,看来她一定出身豪门。一位青年男子走过去献殷勤:"这儿还有人坐吗?"他低声问。

"到阿芙达旅馆去?"她大声说。

"不,不,你弄错了。我只是问这儿有其他人坐吗?"

"您说今夜就去?"她尖声叫,比刚才更激动。

这位青年男子被她弄得狼狈极了,红着脸到另一张桌子上去。许多顾客愤慨而轻蔑地看着这位青年男子。

(3)断答。就是截断对方的问话,在他还没有说出,或者还没有说完某个意思时,即做出错答的口语交际技巧。它与错答的相同点是答与问都存在人为的错位,即答非所问。它们的不同点是,错答是在听完话之后做的回答,断答是没有听完问话抢着进行回答。为什么不等对方问清楚,就要抢先回答?有以下两种原因:一是等对方把问话全说出,就会泄露某种秘密,难以收拾;二是待听全问话再回答,就会比较被动,不好应付。因此,考虑对方要问什么,在他的问话未说完时,就迅速按另外的思路回答,一方面可以转移其他听众注意力;另一方面可以使问者领悟,改换话题,免于因说破造成尴尬局面和其他不良后果。

(4) 诡答。这是与诡辩连在一起的回答。诡，怪的意思。诡答，即一种很怪的回答。在特殊的情况下，不能、不宜或不必照直回答时急中生智，用诡答技巧，做出反常的回答，既增添了谈话的情趣，又应付了难题。

清朝乾隆年间的进士纪晓岚在宫中当侍读学士时，要伴皇帝读书。有一天，纪晓岚和同僚在殿侧等待上朝，见皇上迟迟未到，便对同僚说："老头子姗姗来迟？"语音未落，乾隆皇帝已走到面前，听到这句玩笑话十分生气，对纪晓岚喝道："你何故叫我老头子？有说则生，无说则死！"众人都为纪晓岚捏一把汗。纪晓岚从容奏道："皇上称万岁，岂不是老？皇帝乃国家之首，顶天立地叫做'头'；皇帝是真龙天子，所以称'子'。"

纪晓岚的几句话，把乾隆帝说得回嗔作喜，当即赦免纪晓岚无罪。群臣无不佩服纪晓岚的才华。试想，如果纪晓岚不是用诡辩来应付这样的难题，怎么能避免一场杀身之祸呢？

3. 智慧型回答

智慧性回答包括否定预设回答和认清语义诱导回答两种。

（1）否定预设回答。预设是语句中隐含着使语句可理解、有意义的先决条件。在正常情况下，这种先决条件的存在是不言而喻的，如"鲁迅先生是哪一年去世的？"这个问话包含有预设：鲁迅先生已经去世。预设有真假之别，符合实际的预设是真预设，反之就是假预设。就问话而言，其预设的真假关系到对问话的不同回答。黑格尔在《哲学史讲演录》中谈到古希腊诡辩学派时曾讲过这么一个例子：有一位诡辩学派的哲学家问梅内德谟："你是否已经停止打你的父亲了？"这位哲学家提此问题的目的是要迫使从未打过自己父亲的哲学家陷入困境，因为无论梅内德谟做出"停止了"或"没有停止"的回答，其结果都是承认自己打过父亲的虚假的预设。可见，利用虚假预设可以设置语言陷阱。有些智力测试题提问陷阱的设置也是如此。

（2）认清语义诱导回答。人们理解语言会受到已有经验的影响，自然而然地产生某种语义联想，如：由"春天"会想到桃红柳绿，万紫千红；由"冬天"又会想到寒风凛冽，白雪皑皑；见"晚霞"能想到色彩的绚丽；看"群山"就能想到山势的起伏……既然普遍存在着语义联想，那么就可以利用语义联想来设置陷阱，诱导目标进入思维定式的困境。例如在一个没有星星、看不见月亮的时候，有一个人身穿着黑衣步行在公路上。在他的后方，一辆坏了车前灯的汽车奔驰而来，奇怪的是，司机在未按喇叭的情况下，却安全地将车停在了盲人的身后，这是怎么回事呢？见到"星星"或"月亮"这些词语，我们一般都会联想到晚上。现在出现了"星星"、"月亮"、"黑"、"灯"等字眼，我们就很容易与"黑夜"联系起来了，而这正是本题的陷阱。他通过这些词语诱导你的思维走向"黑夜"，那样的话，你就会山穷水尽，百思难得其解了。

任务二 能力训练

一、案例分析

1. 下面案例中这位老师的回答得体吗？有哪些值得我们学习的地方？

一次，某专科学校期末考试安排老师监考。有一学生违反考试纪律夹带小抄，被监考老师抓住。其班主任前来求情。于是就有了这样一段对话："他反正又没看，你高抬贵手饶他一回吧。"监考老师回答："国家明文规定，私自拥有藏匿枪支，属于违法行为。如果有人私自藏匿枪支并未杀人，算不算犯罪呢？"班主任哑口无言。

2. 请看看下面的案例，女青年为什么要三次断答？在什么情况下可以断答？

一对青年男女在一起工作，男方对女方产生了爱慕之情，男方急于要向女方表白心意，女方却不愿将友情向爱情方面发展，女方认为还是不要说破，保持一种纯真的朋友情谊为好。于是，出现了下面的断答。男青年：我想问问你，你是不是喜欢……女青年：我喜欢你给我借的那本公关书，我都看了两遍了。男青年：你看不出来我喜欢……

女青年：我知道你也喜欢公共关系学，以后咱们一起交换学习心得？男青年：你有没有……女青年：有哇！互相切磋，向你学习，我早就有这个想法。男青年：……这位女青年三次断答，使得男青年明白了她的想法，于是，不再问了，这比让男青年直接问出来，女青年当面予以拒绝，效果要好得多。

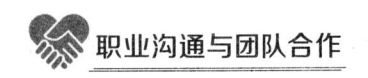

二、模拟训练

在工作过程中，有客人向你表达爱慕之情，你该怎么回答？

三、自我提升

请写出学习了"答"后的收获与感悟：

信息窗——"大开眼界"

怎样回答客户的问题

客户由于确实不懂，或者出于测试我们的能力的原因，或者仅仅是引起我们的注意，或者想在他的同事面前展示自己的独立思考能力，或者是想让我们出丑，……会提出很多问题。首先要记住，客户问我们问题并不总是需要答案的。这些问题中，大部分我们是可以直接的给出明确的回答的，但是，也会存在一些非常难以回答或者压根没有答案的情况，这种情况我们大约都遇到，也总结出了一些应对的方法。

1. 如果是因为自己不懂，最好不要装懂

诚实比浮而不实的给客户一大通绕来绕去的解释给人的感觉好得多。我们可以直接老老实实地说自己在这方面不是很了解，但是，我们可以回去问了公司里面其他专业的同事之后再给他答复。

经验告诉我们，对客户问题的敷衍回答客户大都能感觉到，而且会直接导致对我们的信任度的降低。承认不懂比装懂，在多数情况下稳妥得多。

2. 很有礼貌的用自己的话来复述客户的问题

如果能够让客户觉得你复述的就是他的原意，他对你的满意度会提高，因为他觉得你理解他。如果客户觉得你复述的不是他的原意，他会主动或者你可以请求他再解释一遍他的问题，为你赢得思考和总结答案的时间。

在多数情况下，如果客户认为你能够准确地理解他的问题，就会相当满意，尤其是在初期接触的时候。如果你还能举出你以前遇到过的类似的他们可能遇到的问题（并不需要解释），他都会与你产生共鸣。

3. 很有礼貌地询问客户，问这个问题的原因或者是他们想知道什么样的结果

如果客户解释不出来，说明他也没有考虑好，你不用回答。如果他能够解释得很清楚，实际上会为我们提供很多解答问题的线索。

问清楚原因和他们希望的结果可以保证我们不会答非所问。我们问客户"你为什么问这个问题"实际上也是对客户一种心理上的震慑，让他们不会随便瞎问一些问题，从而让我们占据心理上的优势。

如果他们不愿意解释，因为他们问的这类问题往往有"陷阱"，是因我们上钩的，如果你能够把这个"陷阱"给指出来，会非常有效。对方会觉得你是知己知彼的。

4. 很有礼貌地指出客户问的问题是错误的，或者根本不应该问这样的问题

5. 你可以很客气地说：我们在很多客户那里也遇到他们问同样的问题

问这样的问题说明他们对……（这些地方说一些最最基本的概念，尤其是与正在谈的项目相关的）是理解错误的、不懂的，而且事实上确实后来也证明了这一点，他们走了很多弯路，遭受了很多教训、浪费了很多资金和时间、信誉。经过我们的……服务，他们认识到了这一点，改进之后取得了很好的结果。

这样可以从根本上动摇一些不合理的问题的根基。

6. 从反方向来回答客户的问题

客户问你为什么做这件事情的时候，如果直接回答不容易，你可以从不做这件事情会造成什么样的后果来解释。你可以反问客户有没有考虑清楚。你接下来可以说明这些问题没有考虑会导致他现在做的项目的失败。这些问题的回答需要做刚才提到的"这件事情"。

7. 很有礼貌地指出客户所问的问题是没有答案的

客户提出来的问题你不能回答、他不能回答、别人也无法回答，因为这是个无解的题目，在现实中没人能给出答案。

上面这些招数在使用的时候一定要足够客气，让别人觉得我们是很尊重他们的，但同时是很平等的。让他们觉得我们是有独立见解的，是实话实说的、实实在在的、有功底的，能够理解他们可以产生共鸣的。

第五节　非语言沟通

学习目标

一、知识与能力

1. 能够正确理解非语言沟通所表达的含义。
2. 能复述非语言沟通的作用。

二、过程与方法

1. 能够运用非语言沟通技巧与沟通对象进行交流。
2. 能根据不同的场合恰当地运用非语言沟通。
3. 培养观察能力及运用多种方式解决问题的能力。

三、情感、态度和价值观

树立尊重他人的意识和换位思考的意识，有想方设法解决问题的态度。

案例导入

美国前总统克林顿在莱温斯基绯闻案审理中，向大陪审团提供证词时，口口声声讲他和莱温斯基关系清白，但是在他讲话的过程中，每分钟摸鼻子平均达26次之多。伊利诺伊州某研究身体语言的精神病学家便由此得出结论：克林顿在撒谎，因为人在撒谎时，摸鼻子的次数会陡然增多。

思考：克林顿因为非语言动作暴露了真相，你在沟通中是否注意到自己的非语言沟通？在非语言沟通方面还有哪些方面需要提升？

任务一　运用非语言沟通令客户满意

任务详情：小王是某公司的前台客服人员，她一直把"客户就是上帝"这句话作为她的工作信条，工作中也经常受到顾客的表扬。可最近恰逢公司做回馈顾客的优惠活动，一时很多新老顾客蜂拥而至，令她应接不暇。虽然她一刻不停地为顾客办理着优惠手续，可是仍有大部分顾客受到冷落。在这样一人服务多人的情况下，小王应该怎样做才能使顾客不受冷落，并最终达到客户满意的效果？尤其是在非语言沟通方面，你有哪些建议给她？

一、非语言沟通的含义

所谓非语言沟通，是指不通过口头语言和书面语言，而是通过其他的非语言沟通技巧，如声调、眼神、手势、空间距离等进行沟通。因为非语言沟通大多是通过身体语言体现出来，所以通常也叫身体语言沟通。在沟通过程中，非语言沟通与语言沟通关系密切，而且经常相伴而生。

二、非语言沟通的作用

（一）有效地辅助语言表达，加强沟通

人们运用言语行为来沟通思想、表达情感，往往有词不达意或词难尽意的感觉。因此需要同时使用无声语言行为来进行帮助，或弥补言语的局限，或对言辞的内容加以强调，使自己的意图得到更充分、更完善的表达。

例如，当你在街上向他人问路时，他一边告诉你怎么走，一边用手指点方向，帮助你领会道路方向，就会达到有效的信息沟通。

另外，在人际沟通中，同样一句话，用不同的无声语言方式辅助表达，其含义也就大不相同。比如，一个人拍着好友的肩膀说"你这家伙！"这显然是一种十分友好亲昵的感情流露。但是，如果在公共汽车上一个人踩了他人的脚，被踩者瞪着眼、竖着眉说："你这家伙！"显然是在生气骂人。

（二）比言语表达更有影响力，更真实

语言信息受理性意识控制，而体态语言则大都发自内心深处，多数是无意识显示出来的，极难压抑和掩饰。这种无意识显示出来的东西，恰恰能够反映发送者的"真意"。所以当语言信息与身态语言相矛盾时，宁愿相信身态语言表达的信息。

（三）可以表达言语不能表达的思想感情

如相见时的脉脉含情，分别后的缕缕相思、点点离愁，都是无法用语言来形容的。又比如：相互握手则表示着良好人际关系的建立；摸摸小孩子的脑袋表示爱抚；夫妻、恋人、朋友间的拥抱表示相互的爱恋和亲密。

三、非语言沟通的基本技巧

非语言沟通的因素有副语言、身态语言、空间距离等。学会观察非语言，可以使你善解人意，准确接收对方的信息，同时，恰当地用好非语言，可以帮助你准确地传情达意。

（一）副语言

口语中的副语言是通过语言的声音——语速、语调、音质、音量、节奏（停顿）、重音等实现的。语音的表达方式不同，可以传达不同的意义。比如，一个"好"字或"不"字，不同的语音语调，可以表达十分丰富的意义。交谈中，当说话者使用较快的语速时，常被视为更有能力；音量高低灵活的应用，目的是引起对方注意力。声音有吸引力的人被视为更有权力、能力和更为诚实。

（二）态势语言

态势语言又被称为"行为语言"、"人体语言"、"动作语言"，是一种伴随着自然有声语言而实现交际功能的辅助性无声语言。当然，要完成交际任务，应以自然有声语言为主，态势语言只起强调、修饰、渲染的作用，但在某种特殊情况下，态势语言不但可以单独使用，甚至还可表达出有声语言难以表达的思想感情，直接替代自然有声语言。成功的语言交际者就在于能将有声语言和态势语言配合得非常默契，将它们有机地协调起来。反之，如果在日常交际中，忽略了态势语言的选择和运用，不仅会直接影响有声语言的表达效果，而且还会给别人留下不良印象，有损本身和代表组织的形象。

1. 面部表情语

在人体语言中，面部表情是最丰富、最具有感染力的。"体语学"创立者雷·伯德惠斯特尔指出："光人的脸，就能做出大约25000种不同的表情"。下面我们从眼神和微笑与眉、嘴两个方面来分析。

（1）眼神。在人类的面部表情中，眼神无疑是最具交流能量的了。有研究证明，在信息交流中，人们用大约30%~60%的时间与他人眉目传情。因此，有"眼睛是心灵的窗口"、"目成心许"、"一见钟情"等说法。

王建民教授在其《管理沟通理论与实务》（中国人民大学出版社，2005年版）中对眼神的功能有如下归纳：一是专注功能。反映一个人的注意程度和感兴趣程度。因此进行商务交流时，要特别注意交流对象的眼神的变化，当我们在向交流对象介绍某项业务或产品时，对方眼神无光，可能说明对方对我们的业务、产品没兴趣，或者对我们的介绍方式不感兴趣,此时就要做及时的调整,重新激发对方的兴趣。二是说服功能。在劝说过程中,为了使被劝说者感到真诚可信,必须与对方保持较亲密的视线接触。三是亲和功能。与尽可能多的人保持友善的视线接触,是一个人建立良好人际关系的必要前提。我们很多人际关系的建立,正是从眼神交流开始的。四是暗示功能。"国人莫敢言,道路以目",就是用眼神来暗示内心的不满。我们在一些特殊场合也会用到这种功能,如谈判、重要会议等。五是表达情感功能。人的眼神可以很准确地表现出喜悦、厌恶、愤怒、悲伤、嫉妒等感情。在进行商务交流时,我们一定要高度关注交流对象眼神中的情感表现,并及时调整自己的交流内容和方式。同时,在用语言传递信息时,我们的眼神所表现出的感情内涵一定要与之密切配合。六是表示地位与能力功能。人的眼神可以表现出他的社会地位、在工作单位的地位,以及其领导能力。地位高的人、自信的人往往目光坚定有力,反之则目光暗淡、散乱。

眼神交流的方式主要有视线交流的长度、方向和瞳孔的变化三部分组成。视线交流的长度是指说话时视线接触的时间长短。一般来说,除关系特别密切的以外,视线交流的长度为1~2秒。视线交流的方向表示着不同的含义:视线向下(俯视),表示"爱抚、宽容",也可以表示"轻视";视线平行接触(正视),表示"平等",也可以表示"欣赏";视线向上(仰视),表示"景仰、期待";视线侧面接触(斜视),表示"厌恶、轻视"等。

(2)微笑。微笑给人以美的享受,使人们充满对真善美的渴望。微笑,是一种特殊的语言——"情绪语言"。它可以和有声语言及行动相配合,起"互补"作用,沟通人们的心灵,架起友谊的桥梁,给人以美好的享受。

微笑是有规范的,一般要注意四个结合:一是口眼结合。要口到、眼到、神色到,笑眼传神,微笑才能扣人心弦。二是笑与神、情、气质相结合。三是笑与语言相结合。只有注意微笑与美好语言相结合,声情并茂,相得益彰,微笑方能发挥出它应有的特殊功能。四是笑与仪表、举止相结合。以笑助姿、以笑促姿,形成完整、统一、和谐的美。

(3)眉与嘴。眉毛也可以表现出情绪、情感的变化。人们在表示疑问、兴奋、惊恐、愤怒时,眉毛会出现不同的变化。嘴的动作也能反映人的内心世界。嘴部的表情是通过嘴形变化呈现的。

2. 肢体语言

肢体语言是指躯干和四肢语言。在沟通中比较重要的有头部语言、手部语言、腿部语言等。

达芬·奇曾说过,精神应该通过姿势和四肢的运动来表现。同样,在人际交往中,人们的一举一动都能体现特定的态度,表达特定的涵义。

头部上昂，表示兴奋和自信；头部下垂，表示苦恼、忧郁、消极或精力不支。一般情况下，点头表示赞同、欣喜或有兴趣；摇头表示否定、不可理解等。但是，不同的文化也会产生恰恰相反的意义，如保加利亚、印度等国家就有"点头不算摇头算"的习俗；而叙利亚人表示"肯定"、"否定"都是点头，二者意义的区别则取决于头先向前还是先向后。侧头一般表示疑问或倾听，女性歪着头则反映了其性格上的不成熟。

手与头部接触的各种态势大多数表示内心的不安或暴露出内心的紧张。如：用手抓自己的头发，表现了不满、害羞、悔恨等情绪；用手轻轻抚摸对方的头，表示双方关系密切；用手接触额头，或表示思考，或表示庆幸；以手揉眼或擦眼，往往是为了掩饰自己的思考过程；以手遮眼，则往往是调整自己的情绪或思路；用手接触鼻子，一般是感到犹豫或表示怀疑；用手掩嘴，或表示怀疑，或表示掩饰自己的本意；成年人撒谎时，往往会不自觉地用手摸一下鼻尖或嘴唇；手摸下巴，表示在某事物做出评价，或为了掩饰内心的不安与尴尬；手摸脸颊或后脑勺，往往是在困惑和为难之时。

足部虽在人体的下端，但却往往是最先表露潜意识情感的部位，可以表现欲求、个性和人际关系。足部的不同动势可以表达不同的心理。摇动足部或用足尖拍打地板往往表示焦躁、不安、不耐烦或为了摆脱紧张。足部动作与腿部一样，能传达性的含义。古代中国人席地而坐或跪坐的姿势就是以封闭足部动作来加以约束人的行为。女性架腿动作通常被认为是不文雅的，所以有教养的女性用两脚并拢、脚踝交叉的坐姿代替架腿，以使坐姿优美，令人敬而远之。压抑自己的情绪，或对某人某事采取保留态度，表示警惕、防范。坐着时，不分男女，一条腿放在另一条腿上，并摇晃脚部是轻松的表示。如果进一步用脚尖挑着拖鞋或鞋跟摇晃，就有了放纵的含义，如挑逗、诱惑等。有人说脚是搞小动作的大师，为了表达某些明确的心理意向，而不愿被人察觉，用一种隐蔽的方式进行，脚的动作可能是最佳选择，如在会议中用脚尖碰撞朋友或同事的脚部，往往能起到提醒或警示的作用。

人的体势会流露出他的态度。身体各部分肌肉如果绷得紧紧的，可能是由于内心紧张、拘谨，在与地位高于自己的人交往中常会如此。有专家认为，身体的放松是一种信息传播行为。向后倾斜15度以上是极其放松。人的思想感情会从体势中反映出来，略微倾向于对方，表示热情和兴趣；微微起身，表示谦恭有礼；身体后仰，显得若无其事和轻慢；侧转身子，表示嫌恶和轻蔑；背朝人家，表示不屑理睬；拂袖离去，则是拒绝交往的表示。

我国历来是礼仪之邦，古人非常重视在交往中的姿态，认为这是一个人是否有教养的表现，因此素有大丈夫要"站如松，坐如钟，行如风"之说。在日本，百货商场对职员的鞠躬弯腰还有具体的标准：欢迎顾客时鞠躬30度，陪顾客选购商品时鞠躬 45 度，对离去的顾客鞠躬 45 度。

如果你想给对方留下一个良好的第一印象，那么你首先应该重视与对方见面的姿态表现，如果你和人见面时耷着脑袋、无精打采，对方就会猜想也许自己不受欢迎；如果你不正视对方、左顾右盼，对方就可能怀疑你是否有诚意。

3. 衣着

人的衣着也在传播信息与对方沟通。意大利影星索菲亚·罗兰说："你的衣服往往表明你是哪一类型，它代表你的个性，一个与你会面的人往往自觉地根据你的衣着来判断你的为人。"

衣着本身是不会说话的，但人们常在特定的情境中以穿某种衣着来表达心中的思想和建议要求。在交往中，人们总是恰当地选择与环境、场合和对手相称的服装衣着，可以说衣着是"自我形象"的延伸扩展。同样一个人，穿着打扮不同，给人留下的印象也完全不同，对交往对象也会产生不同的影响。

美国有位营销专家做过一个实验，他本人以不同的打扮出现在同一地点。当他身穿西服以绅士模样出现时，无论是向他问路或问时间的人，大多彬彬有礼，而且本身看来基本上是绅士阶层的人；当他打扮成无业游民时，接近他的多半是流浪汉，或是来找火借烟的。

（三）空间距离

空间距离也是交流沟通的一种非语言形式，交流双方所处位置的远近会影响到交流效果。人际沟通中要讲究如下界域规范：

1. 保持距离

距离产生美感，在与人交谈的时候，要注重远近适当，太远了使人感到傲慢；太近了，又显得不够重视。在行进中不但要保持距离，而且要适当的变换，比如不要以 2 米左右的距离尾随在陌生人的后面，以免引起误会。看到别人围成一个圈形成封闭式的交谈，就要绕开行走，不能从中穿越。

2. 变换体位

体位是指身体所处的位置，根据交际的目的和场合，我们还要经常改变自己身体所处的位置。如从前往后、从左到右、由坐而站等。

3. 尊重他人的领域权

首先不乱动他人物品，其次不随意进入他人领域，再次不污染他人界域。

任务二 能力训练

一、案例分析

(一) 管理沟通与闲聊

时间：星期五下午 3:30。

地点：宏达公司经理办公室。

经理助理李明正在起草公司上半年的营销业绩报告。这时销售部副经理王德全带着公司销售统计材料走进来。

"经理在不在？"王德全问。

"经理开会去了。"李明起身让座，"请坐。"

"这是经理要的材料，公司上半年的销售统计材料全在这里。"王德全边说边把手里的材料递给李明。

"谢谢，我正等着这份材料哩。"李明拿到材料后仔细地翻阅着。

"老李，最近忙吗？"王德全点燃一支烟，问道。

"忙，忙得团团转！现在正忙着起草这份报告，今晚大概又要开夜车了。"李明指着桌上的文稿回答道。

"老李，我说你啊应该学学太极拳。"王德全从口中吐出一个烟圈说道，"人过四十，应该多多注意身体。"

李明闻到一股烟味，鼻翼微微翕动着，心里想："老王大概要等抽完了这支烟才离开，可我还得赶紧写这篇报告。"

"最近，我从报上看到一篇短文，说无绳跳动能治颈椎病，像我们这些长期坐办公室的人多数都患有颈椎病。你知道什么是'无绳跳动'吗？"王德全自问自答地往下说，"其实很简单……"

李明心里有些烦，可是碍于情面不便逐客，他瞥了一眼墙壁上的挂钟，已经4:00 了，李明把坐椅往身后挪了一下，站起来伸了个懒腰说："累死我了。"李明开始动手整理桌上的文稿。

"'无绳跳动'与'有绳跳动'十分相似……"王德全抽着烟，继续着自己的话题……

1. 王德全的行为是管理沟通还是聊天？为什么？

2. 李明用哪些非语言行为暗示了自己的繁忙或是不耐烦？如果你是王德全，遇到这种情况会怎么办？

3. 你认为李明该怎么做才能更明确地传递信息？

(二) 身态语言的表达

有一位华侨到国内洽谈公司业务，洽谈了好几次，最后一次来之前，他曾对朋友说："这是最后一次洽谈了，我要跟他们的最高领导谈，谈得好，就可以拍板。"过了两个星期，他和朋友偶遇，朋友问："谈成了吗？"他说："没谈成。"朋友问其原因，他回答："对方很有诚意，进行得也很好，就是跟我谈判的这个领导坐在我的对面，他跟我谈判时，不时地抖动他的双腿，我觉得跟这样的人合作会很不舒服，好像我的财富被他抖掉了。"

1. 你怎么理解案例中这位华侨的看法？

2. 本案例对你有何启发？

二、演练无声语言的表意

请你练习用身态语言完成以下表意：

1. 做手势表示支持对方。
2. 保持开放的、稳定的、专注的面部表情和支持性的举止。
3. 使用肯定的身体语言（比如坐或站要直，稍稍向前倾向对方）。
4. 使用开放的手势和身体动作（不要跷二郎腿或交叉双臂）。
5. 与交谈对方保持合适的目光交流。

三、无声表达和读解训练

用身态语言表达下列成语的意义。分组表演，裁判出题，一个用体态语言表演，不准说出成语的声音，另一个解读，说出领会到的成语。

要求：限时演练，每个成语用无声语言表演和解读的时间为 10 秒。

摇头晃脑	眉飞色舞	目瞪口呆	抓耳挠腮	手舞足蹈
咬牙切齿	点头哈腰	指手画脚	打躬作揖	握手言和
垂头丧气	拍案叫绝	沉吟不语	举棋不定	捧腹大笑

四、自我评估

回答下列问题，参照题后的答案，测试自己对体态语言的了解程度。

1. 当一个人试图撒谎时，他会尽力避免与你的视线接触。（A.对；B.错）
2. 眉毛是一个传达感情状态的关键线索之一。（A.对；B.错）
3. 所有的运动和身体行为都有其含义。（A.对；B.错）
4. 大多数身体语言交流是无意识行为的结果，因而是个人心理活动的最真实流露。（A.对；B.错）
5. 在下面哪种情况下，一个人最可能采用身体语言交流方式？
   A. 面向 15~30 个人发表演讲   B. 与另外一个人进行面谈
6. 当一位母亲面带微笑严厉斥责她的孩子时，孩子将会：
   A. 相信语言信息；   B. 相信非语言信息；   C. 同时相信两种信息；
   D. 两种信息都不相信；   E. 变得迷惑不解
7. 如果你坐在如图所示 1 的位置，职业交流活动中，对方坐在哪个位置能够最充分显示出合作的姿态，最利于非语言交流？

	5	4	
6			3
	1	2	

8. 如果你想表示要离开，那你将采用什么样的动作？请写下来。

9. 别人对你的反应取决于你通过交流留给他们的印象。（A.对；B.错）

10. 下面哪些举动能使你给人留下更好的印象？

A. 谈话中不使用手势； B. 避免较长的视线接触；

C. 仅偶然的露出微笑； D. 上述所有动作；

E. 不包括上述任何动作

11. 身体语言交流相对于口头交流或局面交流有许多优势，你能列举出一些吗？

参考答案：

1. 错。因为人们已变得更加难以预料。"撒谎者不敢看他人的眼睛"已成为一般常识，所以狡猾的撒谎者常常能够在双目直视你的情况下撒谎，要识别谎言，我们需要捕捉其他更能说明问题的信号。

2. 对。我们的眼睛是最能表达内心活动的面部因素之一，另一个则是嘴唇。

3. 对。我们可能并没有每一个姿势中都有意的去传达某种信息，但这些动作和姿势却不可避免地落在对方眼里并产生一定的感想。

4. 对。通过身体语言，可以发现别人的心理活动，这一点取得了专家共识。

5. A。当面对15~30个人讲话时，你需要对15~30双眼睛和嘴唇做出反应。这将比只与一个人面谈更能刺激你使用身体语言交流。

6. E。因为尽管非语言信号（微笑）比语言信号（责骂的语句）有更强的作用，但两者传达的信息是互相矛盾的，两者混合将导致小孩迷惑不解。

7. 6。位置1和6之间有桌角相隔，两个人可以随时调整自己与桌角的距离，从而改变两个人之间的距离。因此，在谈判中，坐在1和6的两个位置会较少的受空间环境的影响，更易于非语言交流。

8. 最好的信号是有意无意地用眼睛扫一下你的手表、站起身来、在慢慢站起来时拍拍大腿、慢慢地挪向门附近或是靠在门框上等。

9. 对。因为我们总是根据别人给我们的整体印象做出反应，其他人对我们的反应也是同样的。

10. E。当你自然地使用手势、目光接触、微笑等身体语言时，会给别人留下好的印象。

11. 身体语言给你的印象更深刻，它们有助于传达真诚、信任等语言交流所达不到的效果；它们能够传达更微妙的言下之意；身体语言信息有助于我们洞察他人的真情实感。当然，身体语言信息也存在一些严重的缺陷：它们可能会泄露我们的秘密；它们很容易被误解；它们的含义因不同的文化背景而不同；它们可能需要长时间的重复进行才能被人理解。

第四篇 综合运用 高效沟通

运用篇

> 与人相处的学问在人所有的学问中应该是排在前面的，沟通能够带来其他知识所不能带来的力量，它是成就一个人的顺风船。
>
> ——[美] 戴尔·卡耐基

任务目标

一、知识与能力

掌握介绍、说服、赞美、谈判、与领导沟通、与同事沟通以及面试等不同场合的语言艺术，综合运用语言技巧，实现高效沟通，体现良好的个人修养和职业魅力。

二、过程与方法

1. 能够恰当地进行自我介绍和介绍他人。
2. 能够运用说服的原则、技巧说服对方。
3. 能够运用赞美的语言艺术进行赞美。
4. 能够运用谈判的原则、技巧进行成功的磋商。
5. 能够恰当地、得体地实现与领导、同事的有效沟通。
6. 能够恰当地、成功地与客户沟通。
7. 能够运用语言技巧，成功地通过面试。

三、情感、态度和价值观

培养尊重他人、与人为善、积极沟通的正确的情感态度和价值观；自觉寻求解决问题的方法；树立为自己负责、为他人负责的高度责任感。

第四篇 运用篇 综合运用 高效沟通

第一节 介绍

学习目标

一、知识与能力

1. 明确介绍在沟通中的重要意义。
2. 能对沟通中的介绍进行正确的分析和评价。

二、过程与方法

1. 能根据不同的场合用恰当的语言、得体的方式进行自我介绍和介绍他人。
2. 能根据不同的对象用恰当的语言、得体的方式对自然环境、人文环境、产品等进行介绍。

三、情感、态度和价值观

1. 培养尊重他人、积极沟通、开朗大方的处事态度和风格。
2. 能通过介绍达到迅速融入新团队的目的。

案例导入

几乎把毕生精力都献于科学事业的诺贝尔，写过一篇短而精的自传：

"诺贝尔，呱呱坠地之时，小生命差点断送在仁慈的医生手中。主要美德：保持指甲干净，从不累及他人。主要过失：终身不娶，脾气不佳，消化力差。唯一愿望：不要被人活埋。最大罪恶：不敬鬼神。重要事迹：无。"

一位科学巨匠，如此"轻视"自己，其实是告诉世人，他看重的是永恒的人类科学事业，而绝不是个人名利。

思考：亲爱的同学，你会怎样介绍自己？你想通过自我介绍让别人看到一个怎样的你？

任务一 加入新单位时的介绍

任务详情：小 W 是个有着三年工作经验的年轻人，现在调整岗位到一个新的单位（服务行业），主管带她与部门员工见面，并请她做自我介绍。请帮助主管设计一段居中介绍：把小 W 介绍给部门职员，并向小 W 介绍单位或部门的情况。帮助小 W 设计一段自我介绍，要求通过这二人的介绍达到让小 W 迅速融入团队的目的。

(温馨提示：主管需要提前对小 W 做哪些方面的了解？)

介绍是一种涉及范围广、实用性强的口头表达方式。它的作用是通过"说"使听者对陌生的人、事、物、环境有所了解，获得有关知识或相关印象。从内容方面看，介绍包括人物介绍、产品（物品）介绍、情况介绍、环境介绍、经验介绍等，是职业沟通中最常见的沟通内容之一。介绍的表达方式主要有说明、叙述、描写等。

不管是哪种介绍，都要做到以下几点：

1. 语言流畅，条理清晰；简洁、明白，通俗易懂。
2. 表达准确，数据、案例准确、有依据。
3. 语言生动，有感情投入，配合恰当的态势语，有感染力，亲切大方，能打动听众。

一、人物介绍

人物介绍语是日常人际沟通中为接近对方而常用的表达方法之一。通过相互介绍，达到相互接近的目的。社交场合主要有两种介绍语：一是自我介绍；二是介绍别人。

（一）自我介绍

自我介绍是最常用的日常人际沟通形式。当我们处于比较正规的场合，面对陌生的公众，首先别忘了把自己介绍给对方。

自我介绍时，要及时、清楚地报出自己的姓名和身份。大方自然地进行自我介绍，可以先面带微笑，温和地看着对方说声"您好！"以引起对方的注意，然后报出自己的姓名、身份，并简要表明结识对方的愿望或缘由。进行自我介绍一定要力求简洁，尽可能地节省时间，介绍总时间以不超过半分钟为佳。

自我介绍一般视对象和场合而选择介绍语。把自己介绍给领导、长辈、名人时，语言、态度要谦恭有礼。

进行自我介绍，态度务必自然、友善、亲切、随和。要充满信心和勇气，敢于正视对方的双眼，显得自信、大方。介绍时语气要自然、语速要正常、语音要清晰、响亮，对一些容易听错、读错的字音要特别加以说明，以免造成误会。例如，有位同志名为单弘（shàn hóng），他在自我介绍时特别指出："我的名字很容易读错，有次药房的护士叫我单弦（dān xián），我成了一件乐器了。"这样介绍后，相信听众不会念错他的名字了。

● 面试中的自我介绍

求职者自我介绍的根本目的，是使面试考官对自己有个初步的、大概的了解，并且尽可能留下好的印象以便使面试能够深入进行下去，最终赢得面试的成功。求职面试的自我介绍必须讲究技巧，成功的自我介绍往往会给面试考官留下深刻的印象，求职就成功了一半。

在人的思想意识中，往往存在这样的误区，认为最了解自己的人一定是自己，把介绍自己当成是一件很容易的事。其实不然，说人易，说己难。在求职面试中，介绍自己是最难的部分，要成功地进行自我介绍，要从以下五个方面着手。

1. 礼貌的问候

在进行自我介绍之前，求职者首先要跟主面试考官打个招呼，道声谢，这是最起码的礼貌。比如："经理，您好，谢谢您给我这个机会，现在，我向您作个简单的自我介绍……"介绍完毕以后，要注意向主面试考官致谢，并且还要向在场的其他面试人员致谢。

2. 主题要鲜明

求职面试中的自我介绍一般包括这些基本要素：姓名、年龄、籍贯、学历、学业情况、性格、特长、爱好、工作能力和工作经验等。因此，不必面面俱全，而是一定要做到主题鲜明、直截了当、切入正题，不要拖泥带水，对于材料的组织要合理，做到详略得当、重点突出。一般来说，应按招聘方的要求来组织介绍材料，围绕中心说话。假如招聘单位对应聘人的工作能力和工作经验很重视，那么，求职者就得从自己的工作能力及经验出发做详细的叙述，而且整个介绍都是以这个重点为中心。

应聘的求职者一般应从最高学历讲起，只要面试考官不问，完全没有必要谈及小学、中学。谈所学的专业、课程，不必要说明成绩。谈求职的经历，不要漫无边际、东拉西扯，最好在 1~3 分钟之内完成自我介绍，简洁、明快、干脆、有力。

3. 让事实说话

在面试时，有的人为了能给面试考官留下深刻的印象，往往喜欢对自己进行过多的夸张，动辄就"我的业务水平是很高的"，"我的成绩是全年级最好的"，其实，这样反倒会给面试考官留下不好的印象。现在的用人单位往往更注重应聘者的真本事。"事实胜于雄辩",虽然面试的时间很有限,不可能完全展示出求职者的才能,但是,求职者可以通过实际的事例来证明你的能力,把你的才华展示给面试考官。

4. 给自己留条退路

面试中的自我介绍既要坦诚,又要有所保留;既要介绍自己的能力,也不要把自己搞成事事皆能,使自己进退维谷。在自我介绍中,求职者要尽可能客观地显示自己的实力,但同时应尽可能地避免使用保证式或绝对式的语言,如"我非常熟悉这项业务,我保证让部门改变面貌!"这些话往往没有具体内容,反倒会引起面试考官的反感,如果遇到较为平和、内敛的面试考官,也许不会为难你。但是如果遇到个性较强的面试考官进行追问时,求职者会因无法回答而张口结舌,尴尬万分。

例如,小赵去面试一家国际旅行社的导游。他自我介绍说:"我这个人喜欢旅游,熟悉各处的名胜古迹,全国的风景名胜几乎都去过。"面试考官很感兴趣,就问:"那你去过云南大理吗?"因为面试考官就是大理人,对自己的家乡再熟悉不过了。可惜小赵根本就没去过大理,心想若说没去过这么有名的地方,刚才的话不就成了吹牛了吗?于是硬着头皮说:"去过。"面试考官又问:"你住的是哪家宾馆?"小张再也回答不上来,只好说:"那时我是住在一个朋友家的。"面试考官又问:"你的这位朋友家在大理的什么地方啊?"小赵这下没词儿了,东拉西扯答非所问,结果自然是可想而知的。

(二) 介绍他人

在人际沟通中,如果你处于主持人地位或充当中介人时,需要给互不相识的客人作介绍。例如,我来介绍一下:这位是××先生,目前就职于广告公司,美学爱好者;这位是××酒店客房部的王××经理,对平面设计有一定的研究。

这是最常见的介绍语,介绍了双方姓名、特长、工作单位等。介绍别人要注意以下几点。

1. 注意先后顺序

为双方作介绍时,要确立"把谁介绍给谁"的观念,应牢记"受尊敬的一方有优先了解权"这一介绍基本准则。把职位低者介绍给职位高者(商务场合尤其如此),把年轻的先介绍给年长者,把男士先介绍给女士,把未婚女子介绍给已婚女子,把家庭成员介绍给客人。如果双方年龄、身份都相差无几,则应当把自己较熟悉的一方先介绍给对方。违反这一顺序则有失礼仪。

2. 信息量要适中

所谓信息量适中,是指通过介绍使双方互相了解尊姓大名、工作单位、职务或特长。只要能为双方的进一步交谈引出共同话题即可,千万不可草率介绍,亦不可画蛇添足。

3. 介绍语要规范

所谓介绍语规范，是指介绍语要热情、文雅并配以恰当的体态语。

为双方介绍或者把某人向全体介绍都是为了建立关系、联络感情、融洽气氛，因此介绍语必须热情洋溢。尤其将某人介绍给全体成员时，要尽可能将此人的主要成绩、荣誉等一一加以热情介绍，切忌不冷不热、毫无生气。

4. 介绍语要礼貌

在人际沟通中必须遵循礼貌、合作的交际原则。介绍语要文雅、有礼，切忌随便、粗俗。此外，介绍语常用一些敬辞、客套话、赞美语作为其表述语，在实践中应规范使用。如"我非常荣幸地向各位介绍×××"，"我们有幸请来了大名鼎鼎的×××"，"能聆听他的讲话我们感到由衷的高兴"等。这些介绍语中的"荣幸"、"有幸"、"由衷"等都是敬辞，"大名鼎鼎"、"请"是客套语。这类典雅的语言再加之优雅得体的体态语就更显魅力了。

5. 介绍时的动作要得体，落落大方

介绍时一般起立，面带微笑，伸出一手，掌心向上，边说边示意。

二、事物介绍

事物介绍包括与人们的社会生活及职业活动密切相关的产品介绍、自然环境或人文环境的介绍等。

（一）产品介绍

消费者在选购商品时，需要营销人员做好导购介绍。每种商品都有其不同的名称、价格、产地、性能、特点、用途、规格结构、使用结构保养与维修的方法，能否熟悉业务知识、洞悉客户心理、熟练运用得体的语言进行介绍是产品介绍成功与否的关键。

产品介绍的基本要求是：

1. 真实

营销人员在对客户介绍产品时必须真实，不能欺骗顾客，对产品的材料、加工、性能、构成、质量、服务等数据的介绍不能弄虚作假或含糊其辞。

2. 准确

介绍时要抓住产品的特征，选准介绍重点，有针对性，还要了解顾客需求，掌握客户心理，切合特定情景，准确抓住客户心理。

3. 生动有趣

有吸引力的介绍词往往是真实性与艺术性、知识性与趣味性、条理性与生动性的融合，要求通俗易懂、生动活泼、富于表现力，融真诚的情感于简洁的介绍中，产生良好的营销结果。

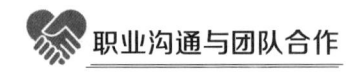

（二）环境介绍

环境介绍包括自然环境与人文环境，如：居住环境、工作环境、市政设施、文化设施、购物环境、休闲娱乐环境、风景名胜、旅游景点等。作为导游员或者其他接待人员，在陪同来宾、游客参观城市、小区、商场、展览馆、学习工作环境以及名胜古迹、风光景点时，都少不了做环境介绍，让听众能增长见闻、激发游兴、增加了解。

介绍环境要根据对象、需求及环境本身的特点而灵活变化方式及语言。

介绍环境一般有这样的顺序：

1. 以空间为序做横向介绍；

2. 移步换景、转变视角的方式，多侧面、多角度地介绍环境的特点；

3. 以时间为序做纵向介绍（介绍环境的历史沿革与今昔对比）；或纵横结合，从各个角度对环境做全面的介绍。

环境介绍特别是旅游中的环境介绍要求更加生动，恰当运用引用（诗句、名言、传说）、比喻、夸张、排比等多种修辞手法来增加介绍的生动性和趣味性是常用的表达技巧。

任务二　能力训练

一、案例分析（"借我一双慧眼"）

1. 下面案例中这位供销科长的自我介绍得体吗？有哪些值得我们学习的地方？

一位供销科长在一次社交集会中这么自我介绍："我是××公司跑供销的，我叫王××，今后希望各位经理多加指教。"话毕面带微笑，向周围的人双手送上自己的名片。

_____

_____

_____

2. 请看下面两例后思考：从信息量的角度考虑这两个介绍得体吗？

（1）"我来介绍一下，这位是张先生，这位是王经理。"

（2）"这位是××房屋开发公司副总经理王××，他可是实权派，路子宽，朋友多，谁需要帮忙可以找他。"

3.下面这位主持人的介绍合适吗？如果你是被介绍者会有怎样的感受？怎样介绍更恰当？

约翰·梅森·布朗是一位作家兼演说家。一次他应邀去某地演讲。演讲开始前，会议主持人将布朗先生介绍给公众，下面是主持人的介绍语：先生们，请注意了。今天晚上我给你们带来了不好的消息。我们本想邀请伊塞卡·F·马科森来给我们讲话，但他来不了，病了。（下面嘘声）后来我们要求参议员布莱德里奇前来，可他太忙了。（嘘声）最后，我们试图请堪萨斯城的罗伊·格罗根博士来，也没有成功。（嘘声）结果我们请到了——约翰·梅森·布朗。

二、模拟训练（"我的舞台我做主"）

1.你参加了××公司的面试，在介绍自己时你是这样说的：

2.你负责引领一名客户（××公司人事部王经理）见你们单位的领导（刘经理），见面后你是这样介绍的：

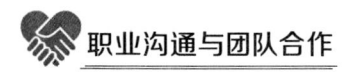

三、拓展训练

1. 有家长向你打听学校的情况，请你就学校的基本情况、发展变革、校风校纪、校容校貌等向家长做介绍。

2. 优秀的现代企业都有自己的企业文化，调动你的信息搜集能力搜集与学校合作企业的基本情况和企业文化介绍，在班级开展一次企业文化介绍活动。

例如：渤海轮渡集团、百纳餐饮有限公司、烟台交运集团、东岳汽车、烟台冰轮集团等。

附：模拟训练评分表

题目	音量适中、语气自然 （2分）	态势自然大方 （2分）	仪容仪表得体 （1分）	内容合理、准确 （5分）
1				
2				
3				
4				

信息窗——"大开眼界"

●贾平凹的自传

"姓贾，名平凹，无字无号，娘呼'平娃'，理想于通顺，我写'平凹'，正视于崎岖，一字之改，音同形异，两代人心境可见也。生于1952年2月21日。孕胎期娘并未梦星月入怀，生产时亦没有祥云罩屋。幼年外祖母从不讲甚神话，少年更不得家庭艺术熏陶，祖宗三代平民百姓，我辈哪能显贵发达？原籍陕西丹凤，实为深谷野洼；五谷都长而不丰，山高水长却清秀。离家十年，季季归里，因无衣锦还乡之欲，便没'无颜见江东父老'之愧。先读书，后务农，又读书，再弄文学；苦于心实，不能仕途；拙于言辞，难会经济；捉笔涂墨，纯属滥竽充数。若问出版的那几本小书，皆是速朽玩意儿，哪敢在此列出名目呢？如此而已。"

评：这是当代著名作家贾平凹的自传，看不到大腕作家的洋洋自得，看得到的是传主不欺世、不盗名、坦荡磊落的襟怀。一个人，尤其是一个"成功人士"，成功之后如何评价自己，是自吹自擂、自高自大还是清醒自知、宁静淡泊，这映现的更是这个人的品格。

●启功的墓志铭

"中学生，副教授。博不精，专不透。名虽扬，实不够。高不成，低不就。瘫趋左，派曾右。面微圆，皮欠厚。妻已亡，并无后。丧犹新，病照旧。六十六，非不寿。八宝山，渐相凑。计平生，谥曰陋。身与名，一齐臭。"

评：这是书法和国学大师启功在他66岁时为自己撰写的墓志铭，豪爽风趣之中，透出的岂止是谦逊自知，更有看透人生的淡泊与超然。

自我陶醉者，常常迷途；自我标榜者，遭人鄙弃；自以为是者，终获大非。只有那些谦虚谨慎、不骄不躁、低调务实、牢记本色、清醒自知、宁静淡泊的人，才堪称真正的"高人"。

● 清华大学介绍

清华大学（英语：Tsinghua University）简称清华，坐落于北京西北郊风景秀丽的清华园，是中国高层次人才培养和科学技术研究的重要基地。

清华是一所多科性工业大学，重点为国家培养工程技术人才，工学、管理学、理学、经济学、法学、医学、哲学、文学、艺术学、历史学等都是它的强项，学术实力居全国高校之首（QS发布的学术排名全国第一），国家首批"211工程"和"985工程"建设的顶级名校，是九校联盟（C9）的成员。清华是亚洲和世界最重要的大学之一。

2010年3月，学校占地面积6000余亩，位于皇家园林清华园，清朝康熙年间称熙春园。雍正、乾隆、咸丰先后居住于此，咸丰年间熙春园改名为清华园。清华大学是世界上最美丽的大学之一。

2013年4月，清华在校学生37650名，其中本科生14943名，硕士生14899名，博士生7808名，有来自124个国家和地区的在校留学生2263名。学校拥有国家重点一级学科22个、国家重点二级学科15个；本科专业66个；清华大学共有一级学科博士学位授权点38个，二级学科博士学位授权点214个；博士后科研流动站47个。

校园内绿草青青，树木成荫，湖光山色，景色优雅，各个不同时期的建筑自然形成各具风格的建筑群落，为师生创造了适宜的工作、学习、生活环境。清华园大礼堂的草坪前日晷上在风雨中挺立数十载，上面刻着清华的校风："行胜于言"。"行胜于言"不是不言，而是言必求实，以行证言。

清华校园按照南门主路（学堂路）分为东区、西区。西区校园为老校区，以美式的校园布局和众多西洋风格的砖石结构历史建筑为特色。大礼堂为中心景观，图书馆（一、二、三期工程）、科学馆、清华学堂、同方部、西体育馆及理学院等建筑分布其间，原王府庭园工字厅、古月堂、水木清华等古建筑及朱自清先生在《荷塘月色》中描述的"荷花池"（近春园遗址）则展示了中国传统的园林风格。东区则以1950年兴建的苏式主楼为主体，以及建筑馆、明理楼、经管学院、逸夫科技馆等现代风格的建筑物。

在清华二校门北边小山下，有一块被清华校友称为"清华第一碑"的"海宁王静安先生纪念碑"，这是当年的国学研究院师生为了纪念王国维而立的，碑铭上陈寅恪撰写的"独立之精神，自由之思想"恰是一代代清华学人精神的写照。

历史沿革

1909~1910年

1909年：游美学务处在北京设立，同时开始筹建附设肄业馆，总办周自齐，招考第一批庚款直接留美生，录取梅贻琦等。

1910 年：招考第二批庚款直接留美生，录取竺可桢、赵元任等。

1911~1948 年

1911 年：游美肄业馆更名清华学堂，并首次开学，是由美国"退还"的部分"庚子赔款"建立的留美预备学校。

1912 年：更名为清华学校。

1925 年：设立大学部，开始招收四年制大学生。

同年开办清华国学研究院，聘请梁启超、王国维、陈寅恪、赵元任等国学大师，这在中国教育界可以说是一件创举。

1928 年更名为"国立清华大学"，拥有文、法、理、工等院系。

1929 年设文学院、理学院、法学院，1932 年设工学院，1933 年开始招考留美公费生。

1937 年抗日战争爆发后，南迁长沙，与北京大学、南开大学联合办学，组建国立长沙临时大学。

1938 年迁至昆明，改名为国立西南联合大学。

1946 年，清华大学迁回清华园原址复校，设农学院。

……

园林景观

近春园荷塘是清华园水系两湖一河之一（水木清华荷花池、近春园荷塘和万泉河）。朱自清教授的名篇《荷塘月色》中的荷塘就是指这里：月光如流水一般，静静地泻在这一片叶子和花上。薄薄的青雾浮起在荷塘里。叶子和花仿佛在牛乳中洗过一样；又像笼着轻纱的梦。

近春园景点的核心景观是被一偌大荷塘包围的一座岛，此岛在西北侧通过一座汉白玉拱桥与岸边相连，岛东南侧另有一短桥"莲桥"。岛上有高低的山丘和树林掩映，建有"荷塘月色亭"、纪念吴晗先生的"晗亭"与吴晗先生雕像，并有近春园遗址纪念石碑。岛上还陈列着 1979 年重修荒岛时发掘出的少量近春园残垣与残存的石窗与门券。岛西南侧有一古式长廊"临漪榭"，是仿原有同名建筑旧制修复，按清宫法式，歇山起脊，金线苏彩，也是近春园内唯一象征性的遗址修复。

校徽

清华大学校徽是由三个同心圆构成的圆面。外环上下是英文校名；中环左右并列着"自强不息"与"厚德载物"两个词组，它们出自《易》乾坤两卦的大象辞，这两句话最先是 1914 年 11 月 5 日梁启超先生到清华演讲时勉励清华学子时提出的，而校徽的原型来自清华兵操营的军旗，其后又经历多次更改。该校徽于 2003 年 12 月学校以"清华老校徽图案"申请注册教育服务类商标，并于 2006 年 4 月获批。

校歌

1923年前后，清华大学公开征集校歌，最终采用了汪鸾翔先生用文言文写成的歌词，并由何林一夫人张慧珍（也作张慧真）女士谱曲。三段歌词，气势宏伟，涵义深刻，于1924年3月18日全体练习试唱，3月20日在大礼堂正式合唱，刊载于1924年3月27日《清华周刊》。为帮助学生理解，汪鸾翔于1925年秋在《清华周刊》上发表了《清华中文校歌之真义》，将校歌逐段作了解析。

校花

清华以紫荆和丁香作为自己的校花，校旗亦为紫白两色组成，以紫色为主。紫色由红、蓝两色混合而成，红色是火焰，是中国的国色，蓝色是海水，是西土的象征，红蓝相融亦蕴含着中西文化的会通，亦是清华的历史与文化的特征。

校训

自强不息　厚德载物

清华精神

爱国奉献，追求卓越

第二节　说服

学习目标

一、知识与能力

1. 能举例讲解说服的技巧。
2. 能列举说服的基本条件。

二、过程与方法

1. 能根据不同对象、不同条件运用恰当的说服技巧达到说服的目的。
2. 能通过恰当的说服达到提高团队工作效率的目的。

三、情感、态度和价值观

1. 学会换位思考，能理解、尊重他人，积极沟通。
2. 注重树立自身良好形象，树立良好的威信。

案例导入

俄国十月革命以后，农民得到了解放，成千上万的农民来到莫斯科。由于他们对沙皇仇恨很深，坚决要求烧掉沙皇住过的房子。有人把这件事向列宁汇报了。列宁指示干部们对农民进行说服教育。第一次劝告，农民不听；第二次、第三次，仍然劝说无效。最后列宁决定亲自和农民谈话。

列宁对农民说："烧房子可以。在烧房以前，让我讲几句，行不行？"

农民们说："请列宁同志讲。"

列宁问道："沙皇的房子是谁用血汗造的？"

农民说："是我们自己造的。"

列宁又问:"我们自己造的房子,不让沙皇住,让我们农民代表住,好不好?"

农民说:"好!"

列宁再问:"那要不要烧掉呀?"

农民觉得列宁讲的道理很对,再也不坚持要烧掉沙皇住过的房子了。

分析:这里,对沙皇的仇恨激发了农民焚烧皇宫的强烈愿望。在数次劝说无效的时候,列宁通过与农民对话使他们的情绪稍稍平定,然后提出让农民代表住沙皇的房子的建议,农民认识到这个方案不仅能发泄愤怒,而且可以给自己带来实际的好处,于是很快表示赞同,"烧房子"的决定也因此而"搁浅"。

思考:同学们,在日常生活和工作中经常会需要我们去说服他人,这个案例给我们怎样的启发?

任务一　解决同学矛盾

任务详情:团队中有两个同学因小事产生矛盾,谁也不肯道歉,导致矛盾激化。现在要选派一个或几个同学去劝说他们,派什么样的同学去?在什么样的环境、条件下劝说更好?劝说时要注意哪些问题?请你结合本课内容给出出主意吧。

一、说服和说服的条件

说服就是改变或者强化态度、信念或行为的过程。说服是以求得对方的理解和行为为目的的谈话活动,是使自己的想法变成他人行动的过程。说服的过程是思想、观点的交锋,也是沟通的重要方面。说服是以人为对象,进而达到共同的认识。人们常说:"人生,就是从不间断的说服。"尤其是在商务领域,那里聚集着各种性格的人,为了达到共同的目标,大家必须同心协力,因此说服的场面更是俯拾即是。所以说工作就是不间断的说服,也并不过分。只有善于说服的人才能够获得他人的尊重和信赖。要想取得良好的说服效果,必须首先具备以下条件:

1. 说服者具有较高的信誉

说服进行的基础,是取得对方的信任。而信任是指来自说服者的信誉。信誉包括两大因素:可信度与吸引力。可信度高、吸引力强的人,说服效果明显超过可信度低、吸引力弱的人。可信度由说服者的权威性、可靠性以及动机的纯正性组成,是说服者内在品格的体现。吸引力主要指说服者外在形象的塑造。说服者的年龄、职业、文化程度、专业技能、社会资历、社会背景等构成的权力、地位、声望就是权威性。俗话说："人微言轻，人贵言重。"一般来说，一个人的权威性越大，对别人的影响力也就越大。如果说服者在被说服者心目中形成了某种权威性形象，那么他说服别人转变态度的可能性也就越大。要提高说服者信誉，首先要提高说服者自身各方面的素质，使之具有合理的智能结构，具有高尚的道德修养，具备权威性和可靠性，说服才有分量、有威信，才能赢得听者的尊重和信赖。此外，还需重视外在形象的装饰，一个外貌、气质、穿着、打扮能给人好感的人，才具有吸引力，一个言谈、举止、口音等方面能与对方体现出共性的人，才具有吸引力。一个恰当的印象，会产生首印效应，帮助说服者成功说服他人。

2. 对说服对象有相当的了解

"知己知彼，百战不殆。"在说服他人之前，必须了解说服对象，捕捉对方思想、态度等方面流露出的点滴信息，摸清对方思想问题症结所在，了解对方的心理需求，根据不同情况区别对待，因人而异，有针对性地开启对方的心扉，才能真正实现感情和心灵的共鸣，避免或减少盲目说服造成的错位反应。

首先，要了解对方的性格。

不同性格的人，接受他人意见的方式和敏感程度是不一样的，比如说服中常用的激将法，用在不同性格的人身上说服效果不尽相同。理智型性格的人做事深思熟虑、沉着冷静、善于自控，说服这样的对象时应该有理有据、以理服人；疑虑型性格的人遇事犹豫不决、过敏多疑、易受暗示，说服过程中注意多暗示结果，引导他朝着说服者希望的方向主动思考，从而达成说服目的；情绪型性格的人心境多变、多愁善感、容易冲动，说服时要以情动人，把握住了说服对象的感情说服工作也就成功了一半，对冲动型的人用激将法效果就很明显。了解了对方的性格，就可以按照他的性格特征，有针对性地说服他了。

其次，要了解对方的优点或爱好。有经验的推销员，一进入顾客家中，总会立刻找到客户感兴趣的话题进行交谈。例如，看到地毯，马上会说："好漂亮的地毯，我也很喜欢这种样式……"通过各种话题创造进入主题的契机。因为从对方的长处或最感兴趣的事物入手，一方面能让对方比较容易地接受你的观点；另一方面在对方所擅长的领域里更容易说服他。

再次，要了解对方的看法和态度。有一位歌星特别爱摆架子，一次要参加一个大型义演的现场节目，时间是晚上九点。可是到了七点，这位歌星忽然打电话给唱片公司的总监，说她今天身体不舒服，喉咙很痛，要临时取消当天的演出，唱片公司的总监没有破口大骂，而用惋惜的口吻说："咳！真可惜，这次演出最大牌的歌星才有机会亮相，如果你现在取消，公司里还有很多小牌歌星挤破头在等呢！可是如果换了人，电视台一定会不满。有那么多后起之秀想取而代之，你这样做恐怕不妥吧。"歌星听后小声地说："那好吧！要不你八点来接我，我想那时我身体应该会好

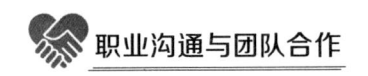

一点吧。"这位唱片公司的总监很清楚这位歌星,根本就没什么毛病,只是喜欢摆摆架子,找准了对方拒绝的真实原因,进而有针对性地进行说服。

3. 能够把握住说服的最佳时机

说服还要能够抓住最佳时机。同样一番道理,彼时说可能不如此时说,现在说不如以后说。时机把握得好,对方才会愿意听,才会用心听,才能听得进。否则,说服过早,会被对方认为神经过敏或无中生有;说服过迟,已时过境迁,对方认为你是"事后诸葛亮",你即便有再好的口才、再好的意见,都不可能收到预期的效果。掌握时机,要将说服对象与时、境、理联系起来考虑,配合起来运用。可利用特定场合,造成境、理相衬,进行深入说服;可利用景中道情、情中说理,进行委婉说服;还可借助眼前实物,进行暗示说服等。

4. 必须营造良好的说服氛围

说服,总是在一定的语言环境中进行的。环境制约了语言,因此,说服效果的好坏一定程度上也取决于环境。一个宽松、温和、优雅的环境较之肃穆、压抑、逼人的环境,其说服的效果自然会好得多;在一个自己熟悉的地点环境中实施说服,较之于陌生的环境,自然也会有利得多。营造一个恰当的说服氛围,不仅是必要的,而且是必须的。某啤酒生产厂得罪了一家餐馆的经理,对方就改换销售另一品牌。在直接和负责人谈判无效的情况下,销售人员天天晚上去这家餐馆里帮忙搬运货物,甚至包括竞争对手生产的啤酒。他总是说:"你是我的老顾客了,我要为你服务,即使你不销售我们公司生产的啤酒。"他的诚意终于打动了经理,最后争取到了独家销售权。可见充分体验对方的感受,会营造出融洽的感情,在此基础上再委婉地提出自己的观点,怎么可能不赢得对方的赞许呢?

二、说服的技巧

1. 换位思考,晓以利害

要站在对方的立场考虑问题,理解并同情对方的思想感情,从对方的角度说明问题,体验你的思想感情,进而使他改变自己的看法,达到理想的说服效果。

2. 稳定情绪,再行说服

在生活中,有些人受到种种因素的刺激,人们往往容易感情用事,不经过慎重周全的考虑就莽撞地采取行动。鉴于这种情况,我们应该先设法让对方的情绪稳定下来,然后提出比贸然行事更合理、更有利的举措,这样就能使对方冷静地斟酌、衡量,并为了更大程度地维护自身利益而抛弃原来的草率决定。

3. 位置互换,改变角色

让对方改变位置、变化角色进行说服是一种十分有效的方法。在美国,频繁的车祸使交通部门很感头痛。他们用罚款和其他法律手段来劝肇事者注意安全,但收效甚微。后来，交通部门在专家们的建议下，采纳了一个新的办法。他们让那些违章司机换个位置换上护士服，到医院去照料那些因交通事故住院的受害者，体验他们的痛苦，结果收到奇效，那些违章司机从医院出来判若两人。他们不仅成为遵守驾驶规章的模范，而且成了交通法规的积极宣传者。在进行说服谈话中，利用这种方法也能收到奇效。

4. 讲究方式，引起关注

在说服时，要选择能够引起对方关注和兴趣的方式表达意见，要运用富有吸引力的内容支撑你的观点，从而引导说服对象关注设定的话题，让对方充分了解说服的内容。第二次世界大战期间，国际金融家萨克斯想使罗斯福政府批准试制原子弹。第一次他使用了很多罗斯福听不懂的专业术语，全面介绍了原子弹可能产生的影响，但是罗斯福被冗长的谈话弄得很疲倦，他的反应是想推掉这件事。萨克斯第二次面对罗斯福时，改变了说话的方式，他对罗斯福说："我想向您讲一段历史。早在拿破仑当权的时候，法国正准备对英国发动进攻，一个年轻的美国发明家富尔顿来到了这位法国皇帝面前，他建议建立一支由蒸汽机舰艇组成的舰队，拿破仑可以利用这支舰队无论在什么天气情况下，都能在英国登陆。军舰没有帆能航行吗？这对于那个伟大的科西嘉人来说，简直是不可思议的。他把富尔顿赶了出去。根据英国历史学家阿克顿爵士的意见，这是由于敌人缺乏见识而使英国得以幸免的一个例子。如果当时拿破仑稍稍多动一些脑筋，再慎重考虑一下，那么19世纪的历史进程也许会完全是另外一个样子。"罗斯福听完萨克斯的话后，立即同意采取行动。由此可见，选择了能引起说服对象关注的内容和方式，就会取得不同的效果。

5. 以情动人，以理服人

在表达某种意见时，用诚挚而令人感动的语气说出来，别人的心容易被征服。要说服别人，有时激起对方的情感比激起对方的理性思考更为有效。有些孩子做错了事，往往任何斥责都听不入耳，但母亲动人肺腑的痛苦，反而会使其泯灭的良心复苏。如果在说服他人的时候，仅仅着眼于主题突出、例证充足、声音动听、姿态优美，而说出的话冷冰冰，肯定不能奏效。要想感动别人，就得先感动自己。要将真诚通过自己的情感、声音输入听者的心底。说服还要摆事实、讲道理来使人相信，使人赞同你的观点和主张。

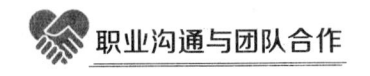

任务二　能力提升训练

一、案例分析（"借我一双慧眼"）

1. 有三个人，一个勇敢，一个胆量中等，一个胆小。将这三个人带到深沟边，对他们说："跳过去便称得上勇敢，否则就是胆小鬼。"哪个人会毫不犹豫地一跃而过？

如果你对他们说，跳过去就奖给两千两黄金，这时谁就敢跳了？

突然来了一头猛虎，咆哮着猛扑过来，这时三个人会不会都跳过去？

思考：这个案例给了我们什么启发？

2. 1977年8月，克罗地亚人劫持了美国环球公司从纽约拉瓜得亚机场到芝加哥奥赫本的一架班机，在劫持者与机组人员僵持不下之时，飞机兜了一个大圈，越过蒙特利尔、纽芬兰、沙浓、伦敦，最终降落在巴黎市郊的戴高乐机场。在这里，法国警察打瘪了飞机轮胎，飞机停了3天，劫机者同警方僵持不下，法国警方向劫机者发出最后通牒："喂，伙计们！你们能够做你们想做的任何事情，但美国警察已到了。如果你们放下武器同他们一块儿回美国去，你们将会判处不超过2~4年徒刑。这也可能意味着你们也许在10个月左右释放。"法国警察停顿片刻，目的是让劫机者将这些话听进去。接着又喊："但是，如果我们不得不逮捕你们的话，按我们的法律，你们将被判死刑。那么你们愿意走哪条路呢？"劫机者被迫投降了。

思考：本例中法国警察在劝说中采用了怎样的说服技巧？成功的原因是什么？

3. 唐太宗为了扩大兵源，想把不在征调之列的中年男子都招入军中。丞相魏征知道后对他说："把水淘干了，不是得不到鱼，但明年恐怕就不会有鱼了；把森林烧光了，不是猎不到野兽，但明年恐怕就无兽可猎了。如果中年男子都招入军中，生产怎么办？赋税哪里征？兵员不在多，关键在于是否训练有素、指挥有方，何必求多呢？"唐太宗无言以对，只好收回了成命。

思考： 魏征采用了怎样的说服技巧成功说服了唐太宗？

二、实践训练（"我的舞台我做主"）

1. 班级有的同学因为英语基础不好，所以对学习英语有抵触心理。你作为同学如何说服他（她）树立信心，努力学习英语？

2. 一位客人入住酒店，希望能住进最高层的海景房，但这一层的客房已经住了客人，只能说服客人先住到其他房间，你是客户经理，该如何说服客人让他高高兴兴地入住？

3. 团队中经常会有这样的情况：一个人由于请假等种种原因缺位，他（她）的份内工作就出现空位现象，如果没有其他人顶替这份工作，团队整体工作就会受到影响。请与同学讨论研究出解决方案——说服团队内的成员树立团队意识和责任感，能在其他成员不在的情况下主动补位。（说服前你要考虑到哪些基本条件？说服时你运用了哪种说服技巧？）

四、学习反思

对照本节课学习的说服的基本条件和技巧两个方面，思考自己在哪些方面有待提高？

第三节　赞美

学习目标

一、知识与能力

1. 能说出赞美的意义和价值。
2. 能分辨真诚赞美和令人不舒服的赞美。

二、过程与方法

1. 能根据不同对象、不同情况得体地、真诚地赞美他人。
2. 能通过对团队成员的赞美加强团队凝聚力和战斗力。

三、情感、态度和价值观

学会欣赏他人、悦纳他人、尊重他人，能真诚赞美他人。

案例导入

大音乐家勃拉姆斯是个农民的儿子，生于汉堡的贫民窟，享受不到受教育的机会，更无从系统地学习音乐，所以，对自己未来能否在音乐事业上取得成功缺乏信心。然而，在他第一次敲开舒曼家大门的时候，根本没有想到他的一生的命运在这一刻决定了。当他取出他最早创作的一首C大调钢琴奏鸣曲草稿，手指无比灵巧地在琴键上滑动，弹完一曲站起来时，舒曼热情地张开双臂拥抱了他，兴奋地喊着："天才啊！年轻人，天才……"正是这出自内心的由衷赞美，使勃拉姆斯的自卑消失得无影无踪，也赋予了他从事音乐艺术生涯的坚定信心。在那以后，他便如同换了一个人，不断地把心里的才智和激情流泻到五线谱上，成为音乐史上的一位卓越的艺术家。正是这一句真诚的赞美，创造了一位音乐大师。

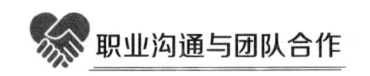

思考： 赞美有如此巨大的力量，同学们，你是不是那个最善于赞美他人的人呢？

任务一 给他人自信和勇气

任务详情： 团队里有这样的一个女孩子，她相貌平平、皮肤较黑、身材偏胖，来自农村，普通话也讲不好，十分敏感和自卑。你用什么办法让她走出自卑的阴影，让自信的微笑绽放在她的脸上？请结合本课内容思考方案。

一、赞美的作用

美国管理学家玛丽·凯说："赞美是一种有效而且不可思议的力量。"的确如此，在社会交往中，绝大多数人都期望别人欣赏、赞美自己，希望自身的价值得到社会的肯定。公关人员恰当地运用赞美的方式，会激发人们的积极性，产生巨大的精神力量。赞美是人的一种心理需要，是对他人尊重的表现，是一剂理想的黏合剂，他给人以舒适感，使我们拥有更多的朋友。

二、赞美的语言艺术

一般来说，赞美是一种能引起对方好感的交往方式。赞同我们的人与不赞同我们的人相比，我们更喜爱前者，这符合人际交往的酬赏理论。

但令人遗憾的是不少人把赞美当作取悦他人的简单公式，不分时间、地点、条件对他人一味地加以赞美，实际上，这一做法是很不可取的。因为赞美的效能也具有相对性和条件性。

美国心理学家阿伦森曾举例说：假设工程师南希出色地设计了一套图纸，上司说："南希，干得好！"毋庸置疑，听了这话，南希一定会增加对上司的好感。但如果南希草率地设计了一套图纸（她自己也知道图纸没设计好），这时，上司走过来用同样的声调说出同一句话，这句话还能使她产生好感吗？南希可能得出上司挖苦人、戏弄人、不诚实、不懂得好坏、勾引异性等结论，其中任何一项都会影响南希对上司的尊敬和喜爱。

所以，"赞美引起好感"并不是绝对的、无条件的，它要受赞美动机、事实根据、交往环境诸因素的制约和影响。因此，公关人员在与公众相处时，必须记住一味地赞美不足取。赞美的效果要受各种条件制约。

能引起好感的赞美要借助以下条件：

1. 热情真诚

每个人都珍视真心诚意，它是人际交往中最重要的尺度，能引起好感的赞美，首先必须是发自内心、热情洋溢的，否则那就是恭维。"赞美和恭维到底有什么区别呢？很简单，一个是真诚的，另一个是不真诚的；一个出自内心，另一个出自牙缝；一个为天下人所欣赏，另一个为天下人所不齿。"

2. 令人愉悦

赞美的言语应该是对方喜欢听的言语，能达到使人愉悦的目的，我们称它为愉悦性原则。在交际活动中，遵守愉悦性原则，就是要多说对方喜欢听的话语，不说对方讨厌的言辞。这样，往往能收到较好的表达效果。

3. 具体明确

空泛、含混的赞美因没有明确的评价原因，常使人觉得不可接受，并怀疑你的辨别力和鉴赏力，甚至怀疑你的动机、意图，所以具体明确的赞美才能引起人们的好感。对他人总以"你工作得很好"、"你是一个出色的领导"来赞美，只能引起人家反感。

4. 符合实际

在赞美别人时，应尽量符合实际，虽然有时可以略微夸张一些，但是应注意不可太过分。如某个人对某领域或某个方面提出了一些很好的意见，或者有了一点成果，你可以说"你在这方面可真有研究"，甚至可以说"你是这方面的专家"，可如果你说"你真不愧是个著名的专家"、"你真是这方面的泰斗"等，对方如果是个正派人就会感到不舒服，旁观者就会觉得你是在阿谀奉承、另有企图。

5. 不带私人动机

赞美者不是有意说给被赞美者听的赞美叫无意的赞美。这种赞美会被人认为是出自内心，不带私人动机的。如《红楼梦》中一次贾宝玉针对史湘云、薛宝钗劝他要做官为宦，仕途经济的话，对史湘云和袭人赞美黛玉道："林姑娘从未说过这些混账话！要是她说这些混账话，我早和她生分了。"凑巧这时黛玉正好来到窗外，无意中听见这些话，使她"不觉又惊又喜，又悲又叹"。结果宝黛两人推心置腹，感情大增。

6. 出人意料

若赞美的内容出乎对方意料，易引起好感。卡耐基在《人性的优点》中讲过他曾经历的一件事：一天，他去邮局寄挂号信，从事着年复一年的单调工作的邮局办事员显得很不耐烦，服务质量很差。当他给卡耐基的信件称重时，卡耐基对他称赞道："真希望我也有你这样的头发。"闻听此言，办事员惊讶地看着卡耐基，接着脸上泛出微笑，热情周到地为卡耐基服务。显然这是因为他接受了出乎意料的赞美的缘故。

任务二　能力训练

一、案例分析（故事中的智慧）

1. 民间有一个关于朱元璋的笑话：朱元璋有两个过去一块儿长大的穷朋友。朱元璋后来做了皇帝，这两位朋友仍过着苦日子。一天，一位朋友从乡下赶到南京，拜见了朱元璋。他对朱元璋说："我主万岁！当年微臣随驾扫荡庐州府，打破罐州城，汤元帅在逃，拿住豆将军，红孩儿当关，多亏菜将军。"朱元璋听到他讲得很动听，十分高兴，也隐约记起他所说的一些事情，立刻封他做了御林军总管。事情一传出，另外一个朋友也去了南京，拜见朱元璋，也说了那件事："我主万岁！从前，你我都替人家看牛，一天我们在芦苇荡里，把偷来的豆子放在瓦罐里煮着，还没煮熟，大家就抢着吃，把罐子打破了，撒了一地豆子，汤都泼在泥地里。你只顾从地下满把地抓豆子吃，却不小心连红草叶也送进嘴去。叶子哽在喉咙口，苦得你哭笑不得。还是我出的主意，叫你用青菜叶子带下肚子里去了……"朱元璋见他不顾体面，没等他说完，就命令："推出去斩了！"

思考：为什么同样说一件事情给朱元璋这个皇帝听，一个受封，一个却被斩首了呢？

_____
_____
_____
_____
_____
_____

二、实践活动——夸夸我的好同学（好团队）

1. 要求每个同学都要写出自己学习小组或宿舍成员的优点，最少写出两条；另外每人要从小组以外找 1~3 人，写出她的主要优点。

2. 小组交流后推举代表在全班交流。

3. 请同学分享被表扬后的心情与感受。

4. 小组讨论、总结小组同学的优点及小组的优势，用书面的形式记录下来并张贴在宣传栏内。

5. 总结反思：这样的活动对个人和团队有怎样积极的影响？

第四节　谈判

学习目标

一、知识与能力

1. 能说出谈判的语言特点和语言技巧。
2. 能正确认识自己的谈判能力，制定提升计划。

二、过程与方法

1. 能正确分析判断谈判双方的技巧和优缺点。
2. 能根据不同对象、不同情况适时适当地调整谈判内容和语言。

三、情感、态度和价值观

正确认识谈判双方既对立又统一的关系，尊重谈判对象；做到以情动人、以理服人。

案例导入

卡耐基每季要在纽约的某家大旅馆租用大礼堂20个晚上，用以讲授社交训练课程。有一季度，刚开始授课时，忽然接到通知，要他付比原来多3倍的租金。而这个消息到来以前，入场券已经印好，而且早已发出去了，其他准备开课的事宜都已办妥。怎样才能交涉成功呢？两天以后，他去找经理。

"我接到你们的通知时，有点震惊。"他说，"不过这不怪你。假如我处在你的地位，或许也会这么做。你是这家旅馆的经理，你的责任是让旅馆尽可能地多赢利。你不这么做的话，你的经理职位很难保住。假如你坚持要增加租金，那么让我们来合计一下，这样对你有利还是不利。"

"先讲有利的一面。"他说:"大礼堂不出租给讲课的而是出租给办舞会、晚会的,那你可以获大利了。因为举行这类活动的时间不长,他们能一次付出很高的租金,比我这租金当然要多得多。租给我,显然你吃大亏了。"

"现在,来考虑一下'不利'的一面。首先,你增加我的租金,却是降低了收入。因为实际上等于你把我撵跑了。由于我付不起你所要的租金,我势必再找别的地方举办训练班。"

"还有一件对你不利的事实。这个训练班将吸引万千的有文化、受过教育的中上层管理人员到你的旅馆来听课,对你来说,这难道不是起了不花钱的广告作用吗?事实上,假如你花 5000 元钱在报纸上登广告,你也不可能邀请这么多人亲自到你的旅馆来参观,可我的训练班给你邀请来了。这难道不合算吗?"讲完后,他告辞:"请仔细考虑后再答复我。"

最后,经理让步了。

任务一　商谈获得物质支持

任务详情:学校的"礼仪大赛"即将举行,但大赛奖品和需要的服装经费还没有着落,有的同学提出可以与联通公司(或其他公司)商谈,获得他们的支持,请结合本课内容思考与相关公司负责人进行"争取赞助费"的谈判方案。

谈判作为一种人际沟通方式,应用非常广泛,它已经成为商务人员的一项基本功。

一、谈判概念

从广义上讲,只要人们为某事进行交谈、协商,都可视为谈判。

美国的杰伦德·尼尔伦伯格说过:每一个要求满足的愿望、每一项寻求满足的需要,至少都是诱发人们展开谈判过程的潜因。只要人们是为了改变相互关系而变换观点,只要人们是为了取得一致而磋商协议,他们就是在进行谈判。

商务谈判是指不同的经济实体各方为了自身的经济利益和满足对方的需要,通过沟通、协商、妥协、合作、策略等各种方式,把可能的商机确定下来的活动过程。不一定要是收购某家公司或者签订几百万的合同才是商务谈判,而是在日常生意中与公司相关的利益群体就有关涉及双方共同利益的"标的物"进行协商协议、达成一致的过程。

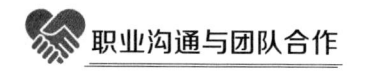

二、谈判的语言艺术

谈判，离不开一个"谈"字，不管是和风细雨地劝说，还是理直气壮地唇枪舌剑，时时刻刻都离不开语言。谈判中最重要的工具就是语言，谈判双方必须利用语言来传播信息、交流情感，表达自己的意向。没有语言，谈判根本无法进行，因此，必须讲究谈判的语言艺术。

1. 谈判的语言特征

谈判是智慧的较量，而语言又是谈判者思想与智慧的表达方式。谈判语言关系到谈判的成败，其原因就在于谈判语言不同于一般生活中的语言，他需要在紧张、激烈对抗中，始终把握己方的目标，同时运用各种语言技巧来突破对方的防线。谈判语言的主要特征有如下几方面。

（1）鲜明的功利性。谈判语言是一种目的非常明确的语言，不管是谈判中的陈述、说服，还是提问、回答，都是为了自己的利益需要而进行的。不带有任何功利目的，也无求于对方的谈判是不存在的。

20世纪70年代初，中美建交谈判时，美国前国务卿基辛格在与邓小平对话时曾说："我们的谈判是建立在健全基础之上的，因为我们都无求于对方。"第二天，毛泽东主席接见基辛格时，就其前一天的谈话进行了反驳。毛泽东说："如果双方都无求于对方，你到北京干什么？如果双方都无求于对方的话，那么，我们为什么要接待你和你们的总统？"

毛泽东一针见血地指出，谈判是一种双向的需要，谈判带有明确的目的性。谈判的目的性决定了谈判语言必然具有鲜明的功利性。

（2）灵活的随机性。谈判是一个动态过程，瞬息之间变化万千。尽管一般情况下，谈判双方事前都要做充分的准备，对谈判的内容、己方的条件、可能做出让步的幅度、对方的立场、对方可能采取的策略，都进行了研究，并对谈判过程进行了筹划。但是，谈判过程常常是风云变幻、复杂无常，任何一方都不可能事前设计好谈判中的每一句话。具体的言语应对仍然需要谈判者临场组织、随机应变。

谈判中，谈判者要密切注意信息的输出和反馈情况，根据不同内容和阶段，针对谈判对象、主客观情况变化，及时、灵活地调整谈判语言。尤其是在双方就关键性的问题短兵相接时，一问一答、一叙一辩，都要根据当时谈判场上的变化而变化，这就是灵活的随机性。如果谈判中发生意料之外的变化，而仍然拘泥于既定的对策，思想僵化，方式呆板，语言不能机智应变，则必然在谈判中失去优势，导致被动失利。

（3）巧妙的策略性。因为谈判是一种智慧的较量，所以在谈判中，一方为了获得尽可能多的利益，往往采取各种策略，诱使对方按照己方的条件达成协议。因而成功的谈判者常常在谈判双方的利益冲突和利益协调中，从合作的立场出发，以其特有的机警和敏锐，不放过有利于自己的任何一个机会。同时，运用各种计谋、多种恰到好处的言谈，使谈判朝着有利于己方的方向发展。谈判语言的策略性表现在：一样的话，可以有几种说法；同样的意见，用不同的说法表达，以产生不同的效果。

（4）迅捷的反馈性。谈判中的双方斗智斗勇，往往会出现许多稍纵即逝的机会。谈判者不仅要反应敏捷，而且要立即做出判断和回答。抓住了机会，也就抓住了成功。所以谈判的语言一方面要对己方的谈判条件争取到最大的满足；另一方面要迅速捕捉对方谈话中的矛盾之处或者漏洞，不失时机地加以利用，这就是谈判语言迅捷的反馈性。

谈判中对时间的要求是严格的，这与平常的生活语言大不相同。谈判中双方的陈述、说明、提问、回答等都是紧张的智力较量，要求在极短的时间内立即对对方的发言作出反馈。或同意，或拒绝，或反驳，或提出新的建议，都要求谈判者迅速做出反应。迟迟不予回答，或在谈判桌上说错了又收回来，都会被认为是不礼貌的，或者是不负责任的表现。

2. 谈判的语言技巧

在谈判中，同样的事情，不同的表达方式会获得截然不同的结果。因此对谈判人员而言，必须要熟练掌握一些语言技巧，以争取谈判的胜利。

（1）积极倾听，用心理解。

日本松下电器公司的创始人松下先生曾谈到自己初次交易谈判中的一个教训，他到东京找批发商谈判，意欲推销他的产品，批发商和蔼可亲地说："我们是第一次打交道吧？以前我好像没见过您。"这是明显的探测语，批发商想要知道面前的对手是生意老手还是新手。松下先生恭敬地回答："我是第一次来东京，什么都不懂，请多多关照。"这极平常的寒暄语却使批发商获得了重要信息：对手原来是一个初出茅庐的新手。批发商问："你打算以什么价格出卖你的产品？"而松下又如实亮底说："产品成本20元，我准备卖25元。"按当时市场价格25元钱价格适中，产品质量又好，但由于松下无意间暴露了自己的弱点，因此批发商说："你首次来东京做生意，刚开张应当卖得更便宜些，20元卖不卖？"批发商了解对手人生地不熟，又有急于打开销路的愿望，因此趁机杀价。松下先生后来才悟到当初的吃亏，正是由于自己缺少经验，没有能感觉到对方的探测性语言。

在许多人看来，谈判中要多发言，这样才能把自己的意图说清楚，使另一方完全明白自己的观点、看法。其实，真正高明的谈判家并不这样做。他们采用的办法大多是"多听少说"。尽量少发表自己的看法，多听对方的陈述，这种听是主动的，并非只是简单地用耳朵就行了，还需要用心去理解，探求对方的动机，积极做出各种反应。这不仅是出于礼貌，而且是在调节谈话内容和谈判气氛。

① 要耐心倾听。谈判中一般交谈内容并非总是包含许多信息量的。有时，一些普通的话题，对你来说知道得已经够多了，可对方却谈兴很浓。这时，出于对谈判对方的尊重，应该保持耐心，不能表现出厌恶的神色，也不能表现出心不在焉的神情。越是耐心倾听他人意见的人，谈判成功的可能性越大。因为聆听是褒奖对方谈话的一种方式，能提高对方自尊心，加深彼此感情，为谈判成功创造和谐融洽的环境和气氛。

② 要虚心倾听。谈判的一个主要目的是沟通信息、联络感情，而不是智力测验或演讲比赛，所以在听人谈话时，应该有虚心聆听的态度，不要中途打断对方的谈话，这也是不尊重对方的表现。正确的做法是听话者在谈判中应随时留心对方的"弦外之音"，回味对方谈话的观点、要求，并把对方的要求与自己的愿望做互相比较，预想好自己要阐述的观点、依据的理由，使谈判走向成功。

③ 要注意主动反馈。在对方说话时，听话者不时发出表示倾听或赞同的声音，或以面部表情及动作向对方示意，或有意识地重复某句你认为很重要、很有意思的话。若一时没有理解对方的话，不妨提出一些富有启发性和针对性的问题，这样对方会觉得你听得很专心，重视他的话。

(2) 善于提问，控制局面。

有一位教徒问神父："我可以在祈祷时抽烟吗？"他的请求遭到神父的严厉斥责。而另一位教徒又去问神父："我可以吸烟时祈祷吗？"这个教徒的请求却得到了允许，悠闲地抽起了烟。

这两个教徒发问的目的和内容完全相同，只是语言表达方式不同，但得到的结果却相反。由此看来，善于提问，语言技巧高明才能赢得期望的谈判效果。俗话说："知己知彼，百战不殆"。了解谈判对手，是保证谈判获得成功必不可少的。要深入了解双方，除了仔细倾听对方发言，注意观察对方的举止、神情、仪态以捕捉对方的思想脉络、追踪对方的动机之外，通过适当的语言手段，巧妙提问，随时控制谈话的方向，并鼓励对方说出自己的意见，这是获取必要信息更为直接、有效的方式。

① 不要羞于提问。很多谈判者坐在谈判桌前时羞于提问。虽然没听明白对方的意思，但是因为有众多的谈判人员在场，认为提问题暴露了自己的无知，会让别人瞧不起，有碍面子，因此不懂装懂、不提问题；或者有些时候怕自己提问题太多，会引起对方的反感，因而尽量少提问题，这些都是不正确的态度。谈判牵扯到双方的重要利益，而且谈判时双方都在使用各种策略以争取自己的利益。有时是故意说得复杂让对方听不懂，如果此时稀里糊涂地答应了条件，正合对方心意。因此，如果有疑问，就必须要向对方提问，这不仅使得己方了解了事实真相，而且很大程度上控制了局势。我们可以想想在日常生活中，是提问题的人掌握了主动权呢，还是回答问题的人掌握了主动权？当然是提问题的人，因为他控制了对方的思维，回答

问题的人更多的是被牵着鼻子走，因此，如果在谈判时适时适度地提问，不仅不会让己方陷于被动，而且很大程度上占了主动权。

② 注意提问的恰当时机，应该等对方发言完毕再问。日常生活中，我们都知道打断别人的谈话是不礼貌的，在谈判中更是如此。要注意听对方的谈话，不明白的地方可以先记下来，等对方陈述完后再问。这样有三个好处：首先，是尊重他人的体现，不会因中途打断对方而引起不快；其次，听完了对方的谈话可以完整地了解对方的思路和意图，避免断章取义，错误地理解对方的意图；再次，听完对方的陈述再提问，也为自己争取了思考的时间，可以思考怎样提问比较合适，以免出现漏洞。如果对方的话冗长，也可以适时地打断对方。在打断对方前，要注意当时的气氛和对方的情绪。我们知道在日常生活中如果要向某人提要求，一般是选择该人比较高兴的时候，在谈判中也是如此。如果打断对方提问题，要选择对方说话的间歇，而且要气氛融洽，对方认为形势有利于他们的时候提，这时对方心理往往较少设防，回答得比较详细、充分，己方获取信息充足；如果气氛紧张时，对方会很谨慎地回答，己方获得的信息有限。

③ 讲究提问方式。提问有不同的方式，在谈判中的提问更要注意提问方式的选择。为了保证谈判气氛的融洽，一般来说，较多地使用选择性问句。如"您认为我们应该先讨论交货方式的问题还是价钱的问题合适呢？"这种问句方式，给对方一个选择的空间，以免引起对方的逆反心理，再配以得体的措辞、柔和的语调，对方比较容易接受。而且这种问法看起来是让对方选择，实际上己方已经设定了选择的范围"交货方式还是价钱"，表面看起来是让对方选择，把主动权让给了对方，实际是己方在掌握了主动权的基础上给了对方少许的自主权，而就是这"少许自主权"往往使得对方心理比较满足，因此，在谈判中经常会使用选择性问句。在提问时应多使用比较委婉的词语，比如，"您觉得这样处理怎样？""我们是不是还需要讨论一下供货方式的问题？""麻烦您解释一下刚才的建议，我们还不是很清楚"，等等，再辅以诚恳的态度，一定会取得比较理想的效果。

另外，提问应该避免几个问题：一是不要使用盘问、审问式的问句，避免几个问题连着问，因为对方既不可能一一给以详细的回答，还会引起对方的反感，破坏了谈判的气氛。二是提问题的态度要诚恳，避免给对方讽刺、威胁等感觉，对方才乐于回答。三是要有疑而问，不要为了表现自己而问。有的人为了表现自己的口才或专业，故意卖弄，结果往往会弄巧成拙。四是对方不愿回答的问题，不要一而再、再而三地追问，可以委婉地换种方式获得信息，不一定非得逼问对方。

(3) 巧妙回答，避实就虚。在谈判中，如何回答对方的问题更重要，如果回答得不好，往往会掉进对方设置的"陷阱"，被对方牵着鼻子走。因此，在很多的政治谈判、军事谈判和商贸谈判中，"回答"比"提问"还重要。同提问一样，回答应为谈判效果服务，该说什么，不该说什么，应该怎么说，都要由"有利于谈判效果"来决定。回答时的总原则就是："经过慎重思考，再三斟酌，能不答的就不答，能少答就不要多答，尽量少说"。

实际上，擅长回答的谈判高手，其回答技巧往往在于给对方提供的是一些等于没有答复的答复。潘肖珏在其所著的《公关语言艺术》中列举了如下实例来说明之。

例一：在答复您的问题之前，我想先听听对方的观点。

例二：很抱歉，对您所提及的问题，我并无第一手资料可作答复，但我所了解的粗略的印象是……

例三：我不太清楚您所说的含义是什么，是否请您把这个问题再说一下。

例四：我们的价格是高了点，但是我们的产品在关键部位使用了优质进口零件，增加了产品的使用寿命。

例一的应答技巧，在于用对方再次叙述的时间来争取自己的思考时间；例二一般是属于模糊应答法，主要是为了避开实质性问题；例三是针对一些不值得回答的问题，让对方澄清他所提及的问题，或许当对方再说一次的时候，也就找到了答案；例四是用"是……，但是……"的逆转式语句，让对方先觉得是尊重他的意见，然后话锋一转，提出自己的看法，这叫"退一步而进两步"。我们应当很熟练地掌握和运用这些回答技巧。

在谈判中，回答还要注意以下方面：

① 尽量避免正面回答。对方提问的目的是想从我们回答中获取信息，因此在回答时就要尽量避免正面回答，防止泄露太多的信息。如果对方知道的太多，我们就丧失了主动权。如果对方问："你们的报价是多少？"就不应直接回答是多少，可以回答："跟市场上其他同类产品的价格差不多，但是我们的产品比市场上的同类产品质量要好得多，相信价格方面你们会满意的。"多使用模糊性的词语，回答不要太确切。

比如有的谈判人员，想知道对方打算在什么时候结束谈判，以便运用限期策略迫使对方做出让步，于是在见到对方一开始就非常热情地询问："贵方打算什么时候离开呀？最近机票不好买，如果需要的话，我们可以帮忙预订。"这时可千万不能被对方的热情打晕了头，说出类似"我们打算下周一走，那就麻烦你们帮忙订机票吧"之类的话，这样就掉进了对方的"陷阱"里了，对方可能会在谈判时"故意"地拖延时间，迫使我们最后做出巨大让步，陷于被动。可以回答："我们不着急，难得来一趟，有时间我们还要四处玩玩。"这就委婉地向对方表明"时间不是问题，我们有足够的精力进行谈判。"对方也就不敢使用限期策略了。

② 不要一一作答。有时，对方的问题很多，如"我们想知道关于价格、数量、交款方式等问题贵方是怎样考虑的"。不要一一给予答复，被对方控制思维，可以就

其中的己方考虑成熟的问题予以答复，如"我们先讨论一下对我们双方都很重要的问题，就先说说价格吧"。后面的问题，如果对方不追问，就没有必要一一作答了；否则有些像学生回答老师的提问，心理、气势都处于弱势，不利于谈判的平等进行。

最好能把问题"踢"给对方，让对方作答。前面已经说过，问者往往控制局势，所以要学会把问题"踢"给对方，把问题"踢"给对方的同时也把压力转移给了对方。如对方问"贵方对价格是怎样考虑的？"可以这样回答："一般说来，价格通常跟货物的数量相关。如果贵方要的数量多，价格就稍微低些；如果贵方要的数量少，价格就相对高些。贵方打算要多少呢？"这样把问题再踢给对方，先让对方思考如何应答"要多少"的问题。己方可以根据对方的回答灵活应答价格问题，可以变被动为主动。

③ 遇到难以回答的问题，使用缓兵之计。在谈判中，如果遇到难以回答的问题，不要急于回答，可以含糊其辞，拖延回答。

(4) 婉言拒绝，不伤情面。谈判过程中，不仅要经常说服对方，还要避免被对方说服，即拒绝对方的某些要求。拒绝对方也意味着己方在某个问题上的承诺，因此，拒绝是谈判中一项难度较大的技巧，谈判者需要认真掌握，才能做到得心应手。

① 委婉语言拒绝。谈判中在拒绝对方时尤其应该使用委婉的语言，如果觉得对方的要求太过分，己方难以承受，我们可以试想下面两种方式哪种更有利于谈判的进行？一是不等对方把话说完，就怒火中烧、拍案而起，不惜用尖刻的语言回击对方，情绪失控；二是神情平静地听对方把话说完，然后微笑地看着对方，说："我们完全理解您的要求，也希望双方尽量达成一致意见，但是我方的确承受不了这种让步，还希望你们能够理解。"这两种方式哪一种解决方式更有利于问题的解决呢？当然还是第二种。委婉、真诚中透露着坚定的语气，不容对方置疑，效果远远高于前者。

委婉地拒绝对方还要注意一些词语和句式的选择，如"这件事情恐怕目前我们还难以做到。"要比"这件事，我们做不到"更容易让对方接受，"这个建议也还可以，但我们能否想一个更好的解决办法呢？"要比"这个建议不好"更有利于谈判的进行。这些说法都是侧面否定对方的建议，不易激起对方的反感心理，也使己方的观点顺理成章。当然，委婉地拒绝对方并不等于不拒绝对方，虽然说法委婉，但一定要让对方清楚是拒绝了他，以免引起误会。

② 幽默语言拒绝。直接地拒绝对方有时会难以说出口，如果能恰当地使用幽默等手法会使拒绝不再尴尬，而且不失风度。

美国一家电视台在中国采访知青出身的作家梁晓声，现场拍摄电视采访节目，采访进行一段时间后，记者让摄像停了起来，记者对梁晓声说："下一个问题，希望您做到毫不迟疑地用最简短地一两个字来回答，如'是'或'不是'等。"梁点头认

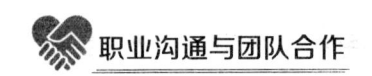

可。记者问："没有'文化大革命'，可能就不会产生你们这一代青年作家，那'文化大革命'在你看来是好还是坏？"梁晓声略微沉思一下，反问道："没有第二次世界大战，就没有以反映第二次世界大战而著名的作家，那么您认为第二次世界大战是好是坏呢？"美国记者哑口无言。这一回答可谓"妙极了"！它使梁晓声变被动为主动，而且有力回击了记者的故意刁难。

③ 模糊语言拒绝。巧妙地使用模糊语言也可以避免矛盾激化，变被动为主动。模糊的回答可以避开一些敏感话题，避免泄密，还可以为自己以后的行为留有余地。如当对方提出要参观我方的工厂时，己方不想让对方窥探一些行业信息，于是给出一个模糊的回答："我们也希望贵方在合适的时候参观我们的工厂，只是现在我方还没有招待参观者的经验，等我们各方面准备一下，到时候我们一定邀请贵方来参观。"这样的回答就巧妙地拒绝了对方，将主动权握在了自己手里。

（5）摆脱窘境，反败为胜。谈判中，有时会出现一些意想不到的场面，此时缺乏经验者往往会一时语塞，无言应答，窘态百出。遇到紧急情况要冷静、沉着，充分运用语言这根"魔棒"调节谈判气氛，尽快摆脱窘境。

① 引申转移法。谈判时遇到紧急情况，应尽力以新话题、新内容引申转移，把尴尬的情况引开，千万别拘泥一端、执着不放，那会弄成僵持不下，甚至使谈判失败。

② 模糊应答法。模糊应答可以应付一些尴尬的乃至困难的场面，使一些难以回答、难以说清的问题变得容易起来。例如，在谈判中，对方提出了一个你既不好立即肯定也不好立即否定的问题，怎么办？不妨这么回答："这个问题很重要，我们将注意研究。"这就是一种特定语境中的模糊应答。

③ 反思求解法。有时面对一些很难从正面回答的问题，可以换个角度，从话题的反面去思考，这样常可找到新颖的答案，使人脱离窘境。

任务二　能力训练

一、案例分析（"借我一双慧眼"）

【案例1】

谈判策略

有一次，印度尼西亚在爪哇岛修建一座电站，要购买一台非常大的发电机。为此，政府举行了公开招标。世界上只有五六家公司能供应这样的电机。

印尼采购官员一开始就想从德国购买，可一直不把德国制造商列入名单，又一直不接见他，德国制造商觉得失去了这笔生意。在其他国家的制造商提出报价后，这位印尼采购官员却邀请了德国制造商，这位官员在要他发誓保密后，把竞争对手的报价单给他看，并补充说，如果他提出一个比最低价还少10%的报价，就可能得到订货。

这样，印尼官员就在德国制造商心中建立了一个打了折扣的期望。如果一开始也邀请德国制造商参加投标，德国人一定会报出最高的价格。这个报价一经提出，就很难改变它了。印尼官员不邀请他们，就是让德方报一个低价。德国制造商反复磋商，勉为其难地提出了一个符合印尼方面的报价表。

接着，印尼采购官员又什么也不做。既不见制造商本人，也不接他的电话。德国制造商又一次觉得要丢失这桩买卖。这时，印尼采购官员接见了他。这位采购官员首先对拖延了这么长的时间表示歉意，然后解释说，根据政府的政策，必须等到最后一个报价出来。这个报价刚刚到，很不巧，这个报价比德国的报价低2.5%。因此，如果您方若能把价格再降低3%，他们就能将合同交政府批准。当时国际市场上大型设备的销路不太好，德国人反复商量后，只好同意把价格继续降低3%。

那位采购官员非常高兴地向制造商表示祝贺，并提议第二天双方讨论支付条件。"什么支付条件？"德方惊讶地问道。这个官员解释说，在高通货膨胀和高利率的情况下，德国公司必须同意印尼采用通常的分期付款方式。经过许多争论，制造商在德国政府贷款的帮助下同意提供整整18个月的信贷，这是一个相当大的让步。

【思考与讨论】
印尼官员在谈判中运用了什么谈判策略？请加以分析。

___
___
___
___
___

【案例2】

索赔谈判

在《哈佛谈判技巧》一书中有这样一个著名的真实案例：杰克的汽车意外地被一部大卡车给整个撞毁了，幸亏他的汽车买了全保。为争取最大权益，于是他与保险公司调查员展开了以下谈判。

调查员：我们研究过当事人的案件，根据保单的条款，当事人可以得到3300元的赔偿。

杰克：我知道，但你是怎么算出这个数字的？

调查员：依据这部车的现有价值。

杰克：你是按照什么标准算的？你知道我现在要花多少钱才能买到同样的车子吗？

调查员：多少钱？

杰克：我找一部类似的二手车价钱是3350元，加上营业与货物税后大概是4000元。

调查员：4000元太多了吧！

杰克：我所要求的不是某个数目，而是公平的赔偿。你不认为我买了全保而得到足够的钱来换一部车是公平的吗？

调查员：好，我们赔你3500元，这是我们可以付的最高价。公司政策是这样规定的。

杰克：你的公司是怎么算出这个数字的？

调查员：你知道3500元是类似情况所能得到的最高数，如果你不想要的话，我就爱莫能助了！

杰克：我可以理解你受公司政策约束，但除非你能客观地说出我只能得到这个数目的理由，我想我们最好还是诉诸法律，然后再谈。

调查员：好吧。我今天在报上看到一部1978年的菲亚特汽车，出价是3400元。

杰克：喔，上面有没有提到行车里数？

调查员：49000公里，那又怎样？

杰克：我的车只跑了25000公里，你认为我的车子可以多值多少钱？

调查员：让我想想……150元。

杰克：假设3400元是合理的，那么就是3550元了。广告上提到收音机没有？

调查员：没有。

杰克：你认为一部收音机值多少钱？

调查员：125元。

杰克：冷气呢？

……

2.5小时以后，杰克拿到了4012元的支票。

【思考与讨论】

杰克的谈判为什么能够获胜？

【案例3】

服装店里的谈判

一位女顾客在一个服装店里看衣服。店主指着一身套装说："小姐，你身材这么好，这套衣服你穿着准合适。先试一下吧。"

女顾客试了一下，很合身，便问："多少钱？"

店主回答："360元。"

"太贵了"，女顾客说着把衣服脱了下来，准备离开。

"这可是名牌，大商场要卖600多元呢，我这是最后一套了，昨天还卖480元呢。"店主说。

女顾客转回身，拿起衣服看了又看说："180元，我就买。"

店主道："实话跟你说，我是300元进的货，这样吧，就按进价给你，300元，我就不赚你的钱了。"

女顾客又仔细检查了一下衣服说："你看，这衣服就剩一套了，袖口还脏了一块，有的扣子还松了，最多值250元。"

店主道："250元？多难听呀，图个吉利，280元。"

女顾客："别啰唆了，260元要卖我就买，否则就算了。"

店主："您真会砍价，260元，成交了。"

【思考与讨论】

(1) 用你掌握的谈判技巧分析商家成功的原因。

（2）你的生活中有没有类似的情况发生，你是怎么砍价的？

_____
_____
_____
_____

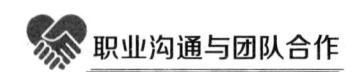

二、实践训练——模拟谈判

实训目标：掌握谈判的基本技巧。

实训学时：2学时。

实训地点：教室。

实训方法：学生自设场景，分若干小组进行。每组内由同学分别扮演甲方和乙方就某一分歧问题进行谈判。

要求：本案例的模拟演示必须强调进入情境之中，注意谈判礼节中的细节，讲究语言艺术，注意体态语，把握好表情，要充分发挥提问、应答、说服的语言技巧。

参考场景：

(1) 宿舍的同学就"睡觉时是开窗还是关窗"进行谈判。

(2) 员工向老板要求加薪的谈判。

分工：_____
_____
_____
_____
_____

谈判方案：_____
_____
_____
_____
_____
_____
_____

训练手记：通过训练，我的收获是：

三、谈判能力测试

你的谈判能力如何？请回答下列问题测试一下自己的谈判能力。

（1）在买议价商品的时候，你是否觉得很为难？

A. 一般不会　　　　B. 很难说　　　　C. 是

（2）你觉得谈判就是让对方接受你的条件吗？

A. 不是　　　　　　B. 很难说　　　　C. 是

（3）在一次谈判没有取得预期效果的时候，你会尝试换一种方式再次努力吗？

A. 会　　　　　　　B. 有时会　　　　C. 不会

（4）你觉得和别人谈判之前是否必须尽量全面了解对方的情况呢？

A. 是　　　　　　　B. 很难说　　　　C. 不必

（5）在谈判的时候，你是否觉得充分考虑对方的利益自己就会吃亏？

A. 不是　　　　　　B. 难说　　　　　C. 是

（6）在谈判时，你是否觉得应该居高临下不给对方留足面子？

A. 不是的　　　　　B. 要视情况而定　　C. 是的

（7）你觉得对方坚持自己的立场是"冷漠无情"吗？

A. 不是　　　　　　B. 难说　　　　　C. 是

（8）在谈判的时候，你喜欢用反问句式代替直接陈述吗？

A. 非常喜欢　　　　B. 有时会用　　　C. 几乎不用

（9）你觉得为了赢得一场谈判而失去一个朋友值得吗？

A. 不值得　　　　　B. 难说　　　　　C. 值得

(10) 你是否认为只有达成"双赢"的谈判才是成功的谈判？

A. 是　　　　　　B. 难说　　　　　C. 不是

得分指导：

(1) 每个问题选择A，得2分；选择B，得1分；选择C，得0分。

(2) 总分在0~12分，说明你的谈判能力较差，必须加强这方面的学习；13~16分，说明你的谈判能力一般，仍需要继续学习和锻炼，不断提高自己；总分在17分以上，说明你的谈判能力很强。

温馨提示：

这个评价并不是对你的谈判能力的一个准确衡量，而是一种定性的评估。你的得分表明你目前的水平，而不是表明你潜在的能力。只要不断学习，积极实践，你完全可以改善自己在这方面的能力。

信息窗——"大开眼界"

商务谈判策划书模板

一、谈判主题

二、谈判团队组成

主谈：公司谈判全权代表；决策人：负责重大问题的决策；技术人员：负责技术问题；法律顾问：负责法律问题；（人员安排根据实际情况而定，但是人数限定为四人）

三、辩题理解：双方希望通过谈判得到的利益及优劣势分析

我方利益——对方利益——

我方优势——我方劣势——

对方优势——对方劣势——

四、谈判目标（针对所给出的案例中的具体谈判目标）

1. 最理想目标

2. 可接受目标

3. 最低目标（底线）

4. 目标可行性分析

五、谈判程序及策略

1. 开局策略及分析

2. 谈判中期策略及分析

3. 冲刺阶段：如何把握底线、如何最大限度地保留合作契机

六、谈判相关资料准备

七、应急方案

对谈判现场可能出现的针对谈判目标的各种状况进行预测，并提出相应的应急预案。

第五节　与领导沟通

学习目标

一、知识与能力

1. 能复述与领导沟通的基本原则。
2. 能恰当运用与领导沟通的原则和方法实现与领导的有效沟通。

二、过程与方法

1. 能用请示、汇报的原则和技巧向领导请示或汇报。
2. 能用得体的方式方法说服领导力。

三、情感、态度和价值观

1. 学习换位思考,能够站在领导的角度和单位大局的高度想问题。
2. 培养积极主动、正直无私的工作态度和服从领导的大局意识。

案例导入

约翰所在的公司要进行人事调动,负责人罗伯特对约翰说:"把手下的工作放一下,去销售工作,我觉得那里更合适你。你有什么意见吗?"约翰撇了撇嘴,说:"意见?您是负责人,我敢有意见吗?"实际上他的意见大得很。当时销售部的状况特别糟糕,他想:"这一次人事变动把我调到那个最不好的部门去,肯定是负责人罗伯特搞的鬼,见我工作出色就嫉妒得要死,怕抢了他的位置。好,你就等着瞧吧,我会让你难堪的。"

来到销售部以后,约翰的消极情绪非常严重,总是板着一副脸孔,对同事爱理不理,别人主动和他打招呼,他只是应付地点一下头,一来二去,同事们渐渐疏远了他。

有一天，一个客户打来电话，请约翰转告罗伯特，让罗伯特第二天到客户那里参加洽谈会，请罗伯特务必赶到，有非常重要的生意要谈。约翰寻思着是个绝好的报复机会，就当成什么事也没发生一样，吹着口哨溜溜达达地回家了。第二天，罗伯特将他叫进办公室，严厉地说："约翰，客户那么重要的电话你怎么不告诉我？你知道吗？要不是客户早晨打电话给我，一笔一千万美元的大生意就白白地溜走了！"罗伯特看了看约翰，见他一副毫不在意的样子，根本没有承认错误的迹象，便说："约翰，说实在的，你的工作能力还不错，但在为人处事方面还不够成熟，我本想借此机会锻炼你一下，可你却让我大失所望。我知道你心里对我不满，而你非但不与我沟通，反而暗中给我使绊子。你知道吗，部门的前途差一点儿毁在你手里。你没能通过考验，所以我现在只能遗憾地宣布：你被解雇了！"

鉴于此案的教训，这家公司高层管理着专门召开了一次名为"张开你的嘴巴"的会议，强调并鼓励所有员工要与上级多多进行沟通，因为它既有益于团队合作，又能通过沟通增加彼此之间的信任，同时也能避免约翰那样的悲剧重演。

思考：约翰的主要问题在哪？当我们遇到这样的问题该怎么办？

任务一　请领导给自己换师傅

任务描述：小A是刚入职的新员工，主管给她安排了一个师傅带带她，可是不久小A就发现这个师傅太内向，不太愿意说话，很少像其他新员工的师傅那样知无不言、言无不尽地指导自己，这也让她这个新员工总是比别人显得"后知后觉"。小A很想换个师傅，但她不知道找谁说合适，也不知道什么机会说、怎样陈述理由更合适。请帮助小A拿个主意吧。

与领导沟通，指的是团队成员通过一定的渠道和方式，与管理者或决策层所进行的信息交流。

上下级之间的有效沟通，无论对于组织还是个人，都具有十分重要的意义。仅就下级而言，通过与上级主动的沟通，既能准确了解信息、提高工作效能，又能及时表达自己的意愿，形成积极的双向互动。

一、与领导沟通的基本原则

1. 不卑不亢

与领导沟通，要采取不卑不亢的态度，既不能唯唯诺诺、一味附和，也不能恃才傲物、盛气凌人。因为沟通只有在公平的原则下进行，才可能坦诚相待，求得共识。

尊重别人是每个职场人士必备的一种修养，在工作中，尊重领导的意见，维护领导的威信，理解领导的难处和苦衷，即使提出不同的意见，也应讲究适当的时机，选择易于对方接受的方式，无论是对工作，还是对沟通双方的感情、建立融洽的心理关系，都是很有益处的。

尊重与讨好、奉承有着质的区别。前者是基于理解他人、满足他人正常心理和情感需要的前提下，而后者则往往是为了满足一己之私欲。现实生活中，确有一些人为了达到自己不可告人的目的，不惜降低人格，曲意迎合、奉承、讨好领导，不仅屏蔽了领导的耳目，降低了领导的威信，也造成了同事之间心理上的不和谐。绝大多数的有主见的上司对于那种一味奉承、随声附和的人都是比较反感的。

2. 工作为重

上下级之间的关系主要是工作关系，因此，下属在与领导沟通时，应从工作出发，以做好工作为沟通协调之要义。既要摒弃个人的恩怨和私利，又要摆脱人身依附关系，在任何时候、任何问题上都是为了工作，为了整个团队的利益，都要作风正派、光明磊落。切忌对领导一味地讨好谄媚、阿谀奉承、百依百顺，丧失理性和原则，甚至违法乱纪。

3. 服从至上

上级居于领导地位，掌握全盘情况，一般来说考虑问题比较周全，处理问题能从大局出发。在与上级沟通时坚持服从原则，是一切组织通行的原则，是组织获得巩固和发展的基本条件。事实证明，如果下属与上级沟通时拒不服从，那么这样的组织就无法形成统一的意志和严密的整体，组织就会像一盘散沙，不可能顺利发展。当然，服从不是盲从，下属一旦发现领导的某些错误，就应抱着对工作高度负责的态度，及时向领导反映，并请求领导予以改正。

4. 非理想化

在与领导沟通时，下属不能用自己头脑中形成的理想化模式去要求现实中的领导，从而造成对领导的过分苛求。坚持非理想化原则，就必须全面地看待领导，既要看到其优点和长处，又要看到其缺点和短处，同时还要能够容纳领导的一般性错误和缺点，克服求全责备的思想。

二、与领导沟通的方法

1. 主动沟通

有人说："要当好管理者，就要先当好被管理者。"作为下属要时刻保持主动与领导沟通的意识，因为领导工作比较繁忙，不可能经常深入员工中去寻求沟通。但在实际工作中，很多下属都害怕直面自己的上司，不敢积极主动地与上司沟通交流，这是一种职场通病。我们应该消除对上司的恐惧感，上司也是人，也有感情，而人与人之间如果没有了交流和沟通，那么情感也会因此而疏离。

那么，怎样消除对上司的恐惧感呢？

首先，要抛弃"不宜与上司过多接触"的观念。合理的沟通观念应该是和上司沟通是一个职场人士的基本职责之一，因为领导是决策者和管理者，而下属则是执行者和完成者。在决策执行和目标实现过程中，必须借助沟通了解上司意图，争取上司支持，获得上司认可。

其次，不要害怕在上司那里"碰钉子"。当上司反馈意见不理解时，要从沟通态度、方式等方面进行自我反省；同时，要仔细揣摩领导的态度和意见，并通过换位思考去寻求对领导处理方法的理解。

再次，要用改进沟通技能的方法增强自信。在沟通的内容上，尽量做到观点清晰、有理有据、层次清楚。在沟通方式上，采用易被对方接受的沟通频率、语言风格和态度情绪；刚开始时最好采用面对面这种直接交流的方式，相互熟悉之后可借助电话、短信、电子邮件等方式。

2. 适度沟通

所谓适度，是说下属与领导的关系要保持一个有利于工作、事业及二者正常关系的适当范围内，形成和谐的工作环境，沟通既不能"不及"，也不可"过分"。

目前，下对上的沟通存在两大弊端：一是沟通频率过高。有些下属为了博得领导的赏识和信任，有事没事经常往领导办公室跑，既给领导的正常工作造成了干扰，又会让领导认为你缺乏独立工作能力，遇事没主见。二是沟通频率过低。有些下属以为干好本职就行了，至于是否向领导汇报思想和工作情况则无所谓，因而该请示不请示，该汇报不汇报，目无组织和领导。久而久之，既不利于开展工作，一定程度上也会影响个人和团队的发展前途。

3. 适时沟通

上司一天到晚要考虑的事情很多，因此应根据问题的重要与否，选择恰当的沟通时机。

首先，要选择上司相对轻松的时候。与上司沟通之前，可以通过打电话、发短信等方式主动预约，或者请对方预订够沟通的时间、地点，自己按时赴约。假如是个人私事，则不宜在上司埋头处理大事时去打扰，否则就会忙中添乱，适得其反。

其次，要选择上司心情良好的时候。沟通之前，与其秘书或助理取得联系，以了解对方的情绪状态。当上司情绪欠佳时，最好不要去打搅对方，特别是准备向对方提要求、摆困难或者发表不同意见的时候。

再次，要寻找适合单独交谈的机会。特别是试图改变上司的决定或意向的时候，要多利用非正式场合和没有第三者在场时，这样既能给自己留下回旋余地，又有利于维护上司的尊严。

最后，不要选择上司准备去度假、度假刚回来或吃饭、休息的时间沟通。因为，这时对方容易分散精力、心不在焉，或者匆忙做出决定。

4. 灵活沟通

由于个人的素质和经历不同，不同的领导就有不同的处世风格。揣摩上司的不同风格，在交往过程中区别对待，往往会获得更好的沟通效果。

5. 定位沟通

正确认识自己的角色、地位，不"越位"是处理好上下级关系的一项重要艺术。越位是下级在处理与上级关系过程中常发生的一种错误。主要表现在：

（1）决策越位。决策时领导活动的基本内容，不同层次的领导决策权限也不同。如果本该上级做出的决策却由下级做出了，就是超越权限的行为。

（2）表态越位。一个人对某件事的基本态度，往往与其特定的身份相联系，超越身份胡乱表态，是不负责任的表现，是无效的。

（3）工作越位。本该由上级出面才合适的工作，下级却越俎代庖、抢先去做，从而造成工作越位。

（4）场合越位。有些场合，如应酬客人、参加宴会等，应适当突出上级，如果下级张罗过欢，风头出尽，也会造成越位。

三、请示与汇报工作的技巧

请示，是下级向上级请求决断、请示或批示的行为；汇报，是下级向上级报告情况、提出建议的行为。二者都是职场人士经常性的工作。

1. 明确程序

请示与汇报工作主要有四个步骤：

（1）明确指令。一项工作在明确了方向和目标后，上级通常会指定专人负责此项工作。如果上级明确指示自己去完成这项工作，就一定要迅速准确地把握领导的意图和工作的重点，包括谁传达的指令（Who）、做什么（What）、什么时间（When）、什么地点（Where）、为什么（Why）、以及怎么做（How）、工作量（How much）。其中任何一点不明白都要主动询问，并及时记录下来。最后，还要简明扼要地复述一遍，以确定是否有遗漏之处或领会有误的地方。当对领导的指令理解模糊时，绝不能"想当然"；在执行任务的过程中，遇到困难或疑惑之处也要及时跟上司沟通，以避免走弯路，贻误工作。

（2）拟订计划。在明确工作目标之后，应尽快拟订工作计划，交与领导审批。

在拟订工作计划时，应该详细阐述自己的行动方案和步骤，尤其是工作进度要有明确的时间表，以便领导进行监控。

以制订月销售计划为例：首先，要明确下个月要达成的业绩目标；然后，要说明这些目标有多少源于老客户、多少源于新客户；最后，要说明打算通过哪些渠道、采用什么促销方案来实现这一目标等。这样的月销售计划交上去，既具体可行也方便领导及时纠正。

（3）适时请教。在工作进行过程中，要及时向领导汇报和请教，让领导了解工作进程和取得的阶段性成绩，并及时听取领导的意见和建议。切不可等工作全部结束后，才将工作情况和盘托出。

（4）总结汇报。工作任务完成以后，应及时向领导总结汇报，总结成功的经验和不足之处，以便在今后的工作中改进提高。与上司沟通自己的工作总结，既显示出对上司的尊重，也有利于展示自己的才干，为赢得上司的赏识和器重奠定了基础。

例如，一个小伙子名叫小波，是一家酒店的销售员，颇得上司的赏识。他之所以能够得到上司的青睐，一方面是因为业绩突出；另一方面就是小波每做完一笔单子，都会以书面的形式总结出这项业务成功与失败的原因。上司对此非常满意，尽管有些单子完成得不是很出色，但上司从来没有责备过小波，相反，还经常给他提出一些合理化建议。

2. 充分准备

"凡事预则立，不预则废。"无论请示还是汇报，要想达到预期目的，事先都必须认真做好准备。首先，要做好思想准备。向领导汇报，既要消除紧张心理，又要克服无所谓的态度，调整情绪，树立信心，认真对待。其次，要做好资料准备。"巧妇难为无米之炊"，充分占有资料是汇报成功的基础。如果情况不熟悉，或某方面的情况还不明了，就不能凭主观臆断、道听途说去汇报。只有通过调查了解，准确掌握情况，才能进行请示汇报。再次，要搞好"战术想定"，如果是就某个特殊问题请求上司批示，自己心中至少要有两套以上的解决方案，并对其利弊了然于胸，必要时向领导阐述明白，并提出自己的主张，争取领导的理解和支持。如果是就某项工作加以汇报，要在明确领导意图的基础上，确定汇报主题，把握汇报重点，组织汇报材料，合理安排内容的顺序与层次；对汇报中可能出现的情况、领导可能提出的问题，要做到心中有数，绝不能仓促上阵。

3. 选择时机

除了紧急事件需及时请示、汇报外，还应注意选择一下时机：当本人分管或领导交办的工作告一段落时；工作中遇到较大困难，想求得领导帮助支持时；领导决策需要某方面的信息时；领导主动询问有关情况时；领导有空余时间等。汇报不仅要注意时机，还要区别场合，可以通过会议形式正式汇报的，尽量不要不分场合临时汇报；当领导公务繁忙或工作中出现困难心情烦躁时，一般不宜贸然开口汇报。应选择领导人乐意听取汇报的时机进行汇报，以取得预期的效果。

4. 因人而异

在请示和汇报时下属应采取不同的方式，以适应不同领导者的风格特点。例如，对于严谨细致的领导者，要解释得详细一点，最好列举必要的事例和数据；对于干练果断的领导，要注意言简意赅、提纲挈领；对于务实沉稳的领导者，注意语言朴实、少加修饰；对于活泼开朗的领导者，语言可以轻松幽默一些。总之，要针对领导的个性特点，有针对性地搞好请示和汇报。

5. 斟酌语言

向领导汇报工作，一定要抓住重点，简单明快，而不能东拉西扯、词不达意，这样的汇报既浪费领导的宝贵时间，又令人生厌。因此，下级向领导作汇报，一定要有提纲或打好腹稿，使用精辟的语言归纳整理所要汇报的内容，做到思路清晰、观点精炼、语言流畅、逻辑性强、遣词用语朴实、准确。关键语句要认真推敲，评价工作要把握好分寸，切忌说过头话，列举数字一定要准确无误，尽量避免"大概"、"估计"、"可能"之类的模糊词语，如果语言啰唆、拖泥带水，再好的内容也汇报不出应有的效果。

6. 遵守礼仪

一是准时赴约。要按照事先约定的时间到达。过早到达或迟迟不到，都是严重的失礼行为。二是举止得体。做到坐有坐相、站有站相，文雅大方，彬彬有礼。三是控制好时间。一般情况下，领导总是想先了解事情的结果，所以在汇报工作时要先说结果，再谈过程和程序。这样，汇报工作时就能简明扼要，有效地节省时间。四是注意场合。切忌在路上、饭桌、家里汇报工作，更不能在公共场合和领导耳语汇报工作。

此外，请示与汇报还应注意：要按照下级服从上级的原则，坚持逐级请示、报告；要避免多头请示、报告，坚持谁交办向谁请示、报告，以减少不必要的矛盾，提高办事质量和工作效率。要尊重而不依赖，主动而不擅权。请示、汇报要根据工作需要，不能仰仗、依附于领导时时事事都去请教或求助。要在深刻体会领导工作思路的前提下，积极主动、大胆负责地开展工作。

四、说服领导的技巧

所谓说服，是指用充分的理由开导对方，使对方的态度、行为朝特定方向改变的一种影响意图的沟通。人非圣贤，孰能无过？因此，上司也有考虑问题不周全、处理事情欠周到的时候，如果时时处处顺着上司，按照上司的指示开展工作，很可能结果不堪设想。事实上，在一项措施尚未实施之前发表意见，在决策执行过程中及时指出问题，在上司出现明显错误时提出善意批评，在合理要求遭到上司拒绝时能够据理力争，既是下属的权利和义务，又是证明自己才干、博得上司赏识的有效途径。不过，由于彼此地位、身份、职务有别，下属说服领导与说服同事、竞争对手大不相同。

实际工作中下属对上司说服无效的主要原因有以下几点：一是态度强硬。说服过程一开始，就充分陈述自己的立场观点，并且态度强势、不容置疑，语气肯定、咄咄逼人。然而效果往往适得其反。正确的做法应该是采取建设性的态度，运用假设或商量性的语气，给上司和自己留下一定的回旋余地。二是求成心切。说服不是单一事件，很难一次达成共识，需要持续沟通。在说服上司之前必须从各个角度全面审视，做好充分的准备。此外，要给上司充裕的考虑时间。三是缺乏技巧。一般人认为，就事论事、条理分明的陈述就能让领导接受自己的看法。其实不然，影响沟通效果的真正原因大多是非理性的，比如是否考虑领导的立场、领导的情绪反应是否适宜继续讨论下去等。

说服领导应该注意以下事项：

1. 充分尊重

在说服上司的过程中，一定要尊重领导，维护领导的尊严，不能采取过于强势的态度和语气，逼迫对方接受自己的观点。心理专家认为：在沟通交流中，如果你的态度来势凶猛、大吵大闹的话，也会惹得对方勃然大怒。所以，在说服上司的时候，一定要心平气和，使用的语言也要尽量婉转平和。

2. 掌握分寸

说服要适可而止，不要反复申说，更不要发生争辩。因为一旦说服陷入僵局，就很可能会前功尽弃。正确的做法应该是：在简明扼要的阐述完自己的意见后，礼貌告辞，感谢领导倾听自己的意见和建议，给领导一定的思考和决策时间；即使领导最终没有采纳自己的意见，也要给予充分理解。毕竟，决策者所面临的利益冲突和复杂的人际关系是下属无法切身体会的。

3. 理由充足

在说服上司的过程中，自己对双方探讨的问题一定要有专门研究和独到见解，并能恰当运用相关资讯或数据增强自己的说服力。

4. 换位思考

即站在对方的角度思考问题，了解对方工作上的难处与苦衷，设身处地地为对方着想。一位商学院教授曾经说过这样的事情：一位程序设计员和他的上司发生争执，为了一个团体的价值问题双方僵持不下。教授建议他们互相变换一下角色考虑，再以对方的立场来解释。几分钟之后他们就发现自己的行为是多么可笑，两个人开始哈哈大笑起来，很快就找到了解决的方法。

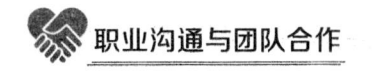

5. 选好时机

心理学研究表明，人们处在不同的心情环境下，对于否定意见的接受程度也大不相同。因此，每天刚上班和快下班时、节假日、双休日，以及吃饭、休息时都不是说服上司的好时机。一般来说，上午10点左右和午休结束后的半个小时里，是领导精力充沛、时间比较充裕的时候，容易听取别人意见或建议。

6. 含蓄幽默

用轻松幽默的话语来阐述观点，既不伤及上司尊严，又不至于把气氛搞僵，往往能够收到事半功倍之效。

7. 充满自信

在与人交谈的时候，一个人的口头语言和肢体语言所传达的信息各占50%。一个人若是对自己的计划和建议充满信心，那么他无论面对谁，都会表情自然；反之，如果他对自己的建议缺乏必要的信心，也会在言谈举止上有所流露。因此，在面对自己的领导时，要学会用自信的微笑去感染领导、征服领导。

某公司老板承诺给自己的员工增加薪水，但是很长时间都没有兑现。一个下属对老板说："我们部门的张三，这两天神思恍惚，我问他是什么原因，他说自己的手头上只有4000元钱，而工资要过半个月才能发，但是现在有三件要紧的事情必须去做：一是给孩子的学费1000元；二是还房屋贷款2000元；三是老婆看中一款价值2000元的项链。按理说孩子学费和还房屋贷款是首要解决的问题，可是张三曾经许诺：结婚十周年时给老婆买她最想要的礼物。养家的男人真是不容易啊！"这番意味深长又不失幽默风趣的话引起了老板的深思，不久，他践行了自己的诺言。

任务二　能力训练

一、案例分析（"借我一双慧眼"）

1. 下面案例中晏子为什么能成功说服齐景公？有哪些值得我们学习的地方？

春秋战国时期，齐景公喜欢狩猎，特别爱喂养能捉野兔的鹰。一次，烛邹不小心让一只猎鹰飞脱了，齐景公大发雷霆，命令左右将烛邹拉出去斩首。贤臣晏子站出来阻止，他说："烛邹有三大罪状，怎么能这样轻易杀头呢，待臣公布完其罪状再行刑吧。"齐景公点头同意，晏子便在公众面前数落道："烛邹，你为大王养鹰，却让鹰跑了，这是第一条罪状；你使大王因为一只猎鹰而杀人，这是第二条罪状；把你杀了，让天下诸侯都知道大王重鸟轻士，这是第三条罪状。"齐景公听了晏子的劝谏，脸红了，继而惭愧地说："我明白你的意思了，不用杀头了。"

2. 下面案例中哪位主管更具说服力？为什么？

A 主管：关于在通州地区设立灌装分厂的方案，我们已经详细论证了它的可行性，大概 3~5 年就可以收回成本，然后就可以赢利了。请董事长一定要考虑我们的方案。

B 主管：关于在通州地区设立灌装分厂的方案，我们已经会同财务、销售、后勤部门详细论证了它的可行性。根据财务评价报告显示，该方案在投资后的第 28 个月财务净现金流由负值转为正值，这预示着该项投资将从第三年开始赢利。经测算，该方案的投资回收期是 4~6 年。从社会经济评价报告上显示，该方案还可以拉动与我们相关的下游产业的发展。这有可能为我们将来的企业前向、后向一体化方案提供有益的借鉴。与该方案有关的可行性分析报告我已经带来了，请董事长审阅。

二、反思与收获

你以前有主动与领导沟通的意识吗？学习本课之后有什么收获？

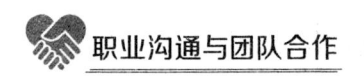

第六节　与同事沟通

学习目标

一、知识与能力

1. 能复述与同事沟通的基本要求。
2. 能恰当运用与同事沟通的原则和方法实现与同事的良好沟通。

二、过程与方法

1. 能与同事形成良好的工作关系。
2. 通过与同事的沟通能够迅速融入团队。

三、情感、态度和价值观

1. 培养尊重他人、真诚待人、互谅互让的处事风格。
2. 培养主动沟通的意识，能积极想办法解决工作中遇到的困难。

案例导入

三国时的荀攸智慧超群，谋略过人。他辅佐曹操征张绣、擒吕布、战袁绍、定乌桓，为曹操统一北方建功立业，做出了自己的贡献。在朝二十余年，他能够从容自如地处理政治漩涡中上下左右的复杂关系，在极其残酷的同僚斗争中，始终地位平稳，立于不败之地，原因就在于他能谨以安身、以忍为安，很好地处理同僚关系。他平时特别注意周围的环境，对同僚从不刻意去争高下，总是表现得十分谦卑、文弱、愚钝和怯懦。他对于自己的功勋讳莫能深。这样，他才能和其他的同僚和平共处，并且深受曹操宠信，也从来没有人到曹操处进谗言加害于他，朝中朝外口碑极佳。

思考：荀攸为什么能在复杂的政治关系中立身？我们从他的身上应该学习怎样的与同事相处的方法和原则？

任务一　帮助她改善与同事的关系

任务详情：小B是个活泼开朗的女孩，说话口无遮拦、性格大大咧咧，见人自来熟，刚到岗位不久就与同事打成一片，但两个月后她发现许多同事对她不像以前那么热情了，由于不明原因她很苦恼，也大大影响了她的工作热情。

请帮助小B分析一下与同事相处过程中有可能存在的问题，并帮助她拿出一个改善同事关系（解决问题）的方案。

处理好同事关系对每一位职场人士来说都很重要。所谓同事关系，是指同一组织内部处于同一层次的员工之间存在的一种横向人际关系。同事之间既是天然的合作者，又是潜在竞争者，这是一种微妙的人际关系，必然会产生既渴望"合作"，又警觉"竞争"的复杂心理。因此，职场人士在与同事相处时，应特别注意沟通艺术。

一、与同事沟通的基本要求

1. 互相尊重

尊重是人的需要，也是沟通的前提。职场人士的尊重需要包括团队成员给予的重视、威望、承认、名誉、地位和赏识等。每个成员都希望获得其他成员的承认，要求给予较高的评价，希望自己受到礼遇，获得较高的名誉和地位。因此，高明的领导者都十分尊重员工。尊重是相互的，古人云：敬人者人恒敬之。因此，职场中要想得到同事的尊重，就必须首先尊重同事的人格，尊重同事的工作和劳动，尊重同事在整个团队中的地位和作用。

2. 真诚待人

常言道："精诚所至，金石为开。"同事之间要互相沟通，就必须消除不必要的戒备心理，摒弃"逢人只说三句话，不可全抛一片心"的处世原则，襟怀坦荡，以诚相待。唯有真诚，才能打开同事心灵的窗口，才能激起思想和情感的共鸣。反之，如果当面一套，背后一套，或者说的一套、做的一套，就会失信于人，引起人们的反感。

3. 互谅互让

职场人士都希望有一个平和的、令人心情舒畅的工作环境。但是，同事之间由于经历、思想、性格、修养、观点、立场等各方面的差异，看问题的角度会有所不同，处理问题的思路与方法也不尽一致。面对这种差异和分歧，首先，不要过度争论，以免激化矛盾，影响彼此之间的关系；其次，要通过换位思考充分理解对方，并本着从工作出发、为全局着想的原则，求同存异，互相谦让。

4. 大局为重

同事之间由于工作关系走在一起，就形成了一个利益的共同体。其中的每一份子，都要有集体意识和大局意识。因此，在与上司、同事交往时，要尽量保持同等距离，即使和某些同事情趣相投、关系密切，也不要在工作场合显现出来，以免让别的同事产生猜疑心理；在与本单位以外的人员接触时，更要形成荣辱与共的"团队形象"观念，多补台、少拆台，不要为自身小利而损害集体大利；不可外扬"家丑"，对自己的同事品头论足甚至恶意攻击，影响同事的外在形象。

二、与同事沟通的方法

1. 重视团队合作

荀子说过："人力不若牛，走不若马，而牛马为之用，何也？曰：人能群，彼不能群也。"这段话道出了团队合作的重要性。随着社会分工的越来越细，现代企业越来越强调员工之间的沟通协调。作为企业个体，无论自己处于什么职位，在保持自己个性特点的同时，都必须很好地融入集体。比尔·盖茨认为："大成功靠团队，小成功靠个人。"因此，在工作中同事要同心协力、互相支持、共同合作；需要大家共同完成的，要预先商定，配合中要守时、守信、守约；自己分内的事情要认真完成，出现问题或差错时要主动承担责任，不拖延，不推诿；确需他人协助完成的，要使用请求的态度和商量的语气，不能居高临下、颐指气使。

2. 懂得相互欣赏

人是具有能动思维的主体。人所具有的这种特性，表现在工作中就是有一定的价值目标，即追求理想和信念的成功，也就是成就感。因此，职场人士都有得到赞许的欲望，都希望自己的职业和工作受到别人的重视，得到恰如其分的评价和鼓励。懂得这些，我们就会在长期共事的过程中，善于发现同事的优点、长处及工作中取得的成绩和进步，并加以及时的肯定和赞美。欣赏是人际关系的润滑剂。一句由衷的赞美，既可以表达对同事的尊重，又会赢得对方的好感，进而融洽彼此之间的关系。

3. 主动交流沟通

人际关系是在"互动"中发生联系和变化的。人际关系要密切，注重彼此的交往是前提。因此，在紧张的工作之余不妨主动找同事谈谈心、聊聊天或请教一些问题等，以便加深印象、增进了解。在主动沟通中应把握以下几点：一是选择合适的时间、场合及易引起对方兴趣的话题；二是保持诚恳、谦虚的态度；三是善于体察对方的心理变化，因势利导，随机应变；四是讲究语言艺术，选择"商量式"、"安慰式"等语言并注意分寸。

4. 保持适当的距离

"过密则狎，过疏则间。"同事之间保持适当距离，对人处世才可能客观、公正。每个人都有自己的私人空间，搞好职场人际关系并不等于无话不谈、亲密无间。有时同事之间摩擦不断、矛盾重重，恰恰是由于交往太过密切、随意，侵犯了别人的隐私。所以，当自己的个人生活出现危机时，不要在办公室随意倾诉；要尊重同事的权利和隐私，不打探同事的秘密，不私自翻阅同事的文件、信件，不查看对方的计算机；对同事不过多地品头论足，更不要做搬弄是非的饶舌者。

三、与同事日常沟通要把握分寸

同在一个单位，甚至同处一个办公室，每天都要见面谈话，谈话的内容可能无所不包，涉及工作内外的方方面面。因此，在日常沟通中如何把握分寸，就成了不可忽视的一个环节。

1. 不谈论私事

办公室不是互诉心事的场所，虽然这样的交谈富有人情味，能使彼此之间变得亲切友善。据调查，只有不到1%的人能够严守别人的秘密。因此，当自己的生活出现危机，如失恋、婚变等，不宜在办公室里倾诉；当自己的工作出现危机，如工作不顺利，对老板、同事有意见，更不应该在办公室里向人坦露。我们不能把同事的"友善"和朋友的"友谊"混为一谈，以免影响正常的工作秩序和自身的形象。

2. 不好争喜辩

同事在某些问题上发生分歧很正常，尤其在座谈、讨论等场合。当别人提出不同意见时，要尊重对方，认真倾听，不随意打断，不急于反驳，在清楚了解对方观点及其理由的前提下，语气平和地陈述自己的观点，并提供支持的理由。切不可抱着"胜过对方"或"证明自己是对的，对方是错的"心态一味地争执下去，否则就会影响彼此的关系，伤害别人自尊。

3. 不传播"耳语"

所谓"耳语"，即小道消息，是指非经正式途径传播的消息，往往传闻失实，并不可靠。在一个单位里，各个方面的"耳语"都可能有，事关上司的"耳语"可能更多。这些耳语如同噪音一般，影响着人们的工作情绪。对此，应该做到"三不"：不打听、不评论、不传播。

4. 不当众炫耀

在人际交往中，任何人都希望得到别人的肯定评价，都在不自觉地维护着自己的形象和尊严。如果当众炫耀自己的才能、长相、财富、地位等，处处显出高人一等的优越感，那么无形之中就是对他人自尊与自信的挑战与轻视，会引起别人的排斥心理乃至敌对情绪。因此，在与同事相处过程中，应该谨小慎微、认真做事、低调做人，即使自己的专业技术过硬，深得老板赏识和器重，也不能过于张扬。

5. 不直来直去

我们常常认为心直口快是一种难得的品质，有话就说，直来直去，给人以光明磊落、酣畅淋漓之感。其实，不分场合、不看对象的直率，往往也会成为沟通的障碍，特别是当我们有求于对方或者发表不同见解的时候，更不能颐指气使、直截了当。

6. 不随便纠正或补充同事

日常交流过程中，可以对某个问题发表自己的见解，但不要随意纠正或补充同事，除非工作需要或对方主动请教。否则，会有自以为是、故作聪明之嫌，也会无意损伤对方自尊心。

四、职场"新人"怎样与同事沟通

这里所说的"新人"是指刚刚参加工作或者新进一个单位的人。良好的沟通是一切工作得以顺利开展的基础。现代企业在招聘员工时，几乎无一例外地将"善于沟通"作为必不可少的条件之一。大多数老板宁愿招一个专业技术平平但沟通能力出色的员工，也不愿意要一个整日独来独往、我行我素的所谓英才。能否与同事、上司及客户顺畅地沟通，越来越成为企业招聘时注重的核心技能。因此，来到一个新的工作环境，能否尽快融入团队、争取同事认可，对每一个新进人员，特别是刚刚走上工作岗位的年轻人来说，就显得极为重要。

据调查，在初涉职场三年左右的都市白领中，很多人都反映与单位的"前辈"相处存在问题，从工作思路到生活细节，分歧无处不在。其实，在职场，新人、老人之间的矛盾，最根本问题还是沟通不畅。

1. 职场新人沟通的原则

（1）摆正心态。职场新人要充分认识到自己是团队中的后来者，也是资历最浅的新手，所有的领导和同事都是自己在职场上的前辈。在这种情况下，新人在表达自己的想法时，应该尽量采用低调、迂回的方式。特别是当自己的观点与其他同事有冲突时，要充分考虑对方的权威性，充分尊重他人的意见。同时，表达自己的观点时也不要过于强调自我，应该更多地站在对方的立场考虑问题。

（2）顺应风格。不同的企业文化，不同的管理制度，不同的业务部门，沟通风格都会有所不同。一家欧美的IT公司，跟生产重型机械的日本企业员工的沟通风格肯定大相径庭；人力资源部门的沟通方式与工程现场的沟通方式也会不同，新人要注意观察团队中同事间的沟通风格，注意留心大家表达观点的方式。假如大家都是开诚布公，自己也不妨有话直说；倘若大家都喜欢含蓄委婉，自己也要注意一下说话方式。总之，要尽量采取大家习惯和认可的方式，避免特立独行、招来非议。

（3）及时沟通。不管性格内向还是外向，是否喜欢与他人分享，在工作中，时常注意沟通总比不沟通要好得多。虽然不同文化的公司在沟通上的风格可能有所不同，但性格外向、善于与他人交流的员工总是更受欢迎。新人要利用一切机会与领导、同事交流，在合适的时机说出自己的观点和想法。

2. 职场新人沟通误区

沟通是把双刃剑，对象选择欠妥、表达方式有误、时机场合失当，都会影响一个人的沟通效果。新人在沟通中常见的误区有：

（1）把"不会"当成拒绝的理由。当领导安排工作时，某些新人会面带愁容，以"不会"或者"不了解情况"作为推辞。也许确实是不会或不了解工作所需的背景情况，但这不能成为拒绝的理由，不会或者不了解情况，就应该主动向领导和同事请教。

（2）仅凭个人"想当然"来处理问题。有些新人因为性格比较内向，与同事不熟，或是碍于面子，在工作中遇到难以解决的问题或是不明白领导下达的指令时，不是去找领导或同事商量，而是仅凭自己个人的主观意愿来处理，最后出现问题时往往以"我以为……"、"我觉得……"为自己开脱责任。

（3）迫不及待地表现自己。刚刚参加工作的新人，总是迫不及待地想把自己的创新想法说出来，希望得到大家的认可，正所谓"初生牛犊不怕虎"。实际上，一个人的想法可能存在疏漏或不切实际之处，应主动征求并虚心接受同事的意见或建议。

3. 职场新人应注意的事项

（1）多听少说。初来乍到，一切都是陌生的，只有多观察、多思考、少说话，才是尽快了解和适应新的工作环境的明智之举。

（2）礼貌周全。对待身份、职位清楚的同事，可用"姓＋职务"的方式称呼，如"张经理"、"王主任"等；对待暂时还不熟悉的同事，可一律尊称为"老师"，因为一个人只有学会了谦虚，在需要帮助的时候才会容易得到别人的支持。

（3）中道而行。在新的工作环境中，必须学会与同事保持一定的距离，凡事采取中道而行、适可而止的办法，公平地对待每一个同事。对于喜欢"拉帮结派"、搞小团体的人，要敬而远之，远离是非。

（4）尊重老员工。老员工由于资格老、贡献大、经验丰富、忠诚度高，在职工中往往拥有较高的声望，是新进人员不得不重视的一个群体。在与老员工沟通过程中，首先，要有积极主动的态度，遇事多虚心请教；其次，要以礼相待，尽量使用"您"或者"您老"等敬辞，及"请"、"麻烦"、"谢谢"等礼貌用语；再次，要充分

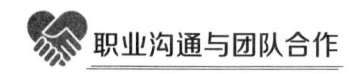

尊重对方的意见或建议，即使双方存在分歧，也要把敬意和肯定放在前面，用谦虚、委婉的方式表明自己的观点。

张先生刚刚调入某单位一个月，处处小心做事，每每笑脸相迎，同事对他也颇友善。一天，全科室的人决定一块儿到餐厅聚餐以度周末，也邀请了张先生。席间大家有说有笑，无所不谈。其中一个同事与张先生最谈得来，几乎把局里的种种问题及科里每位同事的性格、缺点都尽诉无遗。张先生一时受宠若惊，很是珍惜这位"知无不言，言无不尽"的同事，于是开始放松戒备，将一个月来看到的不顺眼、不服气的人和事统统向这位同事道来，甚至还批评了一两个同事的不是之处。

不料这位同事是位搬弄是非的人，不几日便将这些"恶言"转达给了其他同事，这使得张先生狼狈至极，几乎在科里无立足之地。张先生如梦方醒，悔不该一时激动，没管好自己的嘴巴。

任务二　能力训练

一、案例分析（"借我一双慧眼"）

1. 下面案例中小陈的主要问题在哪里？你的感悟是？

小陈是毕业于北京某重点大学的研究生，在单位工作几年后，由于业务能力突出被提拔为车间主任。这对他来说是一个施展才华的大舞台，但他在与别的车间主任交流时，总是流露出对这些工人出身的主任的不屑，开口闭口总是我们研究生如何、你们工人怎样，很快就把自己陷入与其他车间主任格格不入的境地，成为一个不受欢迎的人。最终不得不调换工作岗位。

_____
_____
_____
_____
_____

2. 如果你是下面案例中的小曹，你想自己应该在哪些方面加以改善，才能真正达到实习的目的？

小曹是长沙某大学大三的学生，20天前，她来到了王女士所在的报社实习。适逢暑假实习高峰期，小曹成为王女士第四个实习生。实习第一天，老师和她没有过多的交流，就是叫她看报纸。

　　和所有初入社会的人一样，小曹对自己走入职场的实习充满着憧憬。可她没想到，王女士工作很忙，对她关注较少，也很少带她出去实地采访。在王女士看来，实习生应该多找线索、多出门，单独完成采访更加锻炼人。而小曹认为，老师就应该多言传身教。在这样的观念分歧下，实习了20天的小曹感觉"再也憋不住了"，于是在QQ空间里写下了一篇日志来发泄："每天37℃高温，至少4个小时的车程，实习一个月，作品任务还没完成；实习老师不和我交流，也不带我出去采访，我真的什么都做不好吗？每年都实习，花很多钱不说，还找不到工作……"

二、总结反思

　　学习了本课之后，对照自己日常与同学相处的生活和工作实际，反思自己还有哪些地方需要注意和改进？

第七节　与客户沟通

学习目标

一、知识与能力

1. 能复述与客户沟通的基本要求。
2. 明确客户与企业和服务人员的关系。

二、过程与方法

能恰当运用与客户沟通的原则和方法，实现与客户的良好沟通。

三、情感、态度和价值观

1. 培养尊重他人、真诚服务、客户至上的工作理念。
2. 培养主动沟通的意识，能积极想办法解决工作中遇到的困难。

案例导入

与众不同的推销语言

有个人十年来始终开着一辆车，未曾换过。有许多汽车推销员跟他接触过，劝他换辆新车。

甲推销员说："你这种老爷车很容易发生车祸。"

乙推销员说："像这种老爷车，修理费相当可观。"

这些话触怒了他，他固执地拒绝了。

有一天，有个中年推销员到他家拜访，对他说："我看你那辆车子还可以用半年；现在若要换辆新的，真有点可惜！"事实上，他心中早就想换辆新车，经推销员这么一说，遂决定实现这个心愿，次日他就向这位与众不同的推销员购买了一辆崭新的汽车。

思考：为什么这位中年推销员能打动这位顾客？我们从他的身上应该学习怎样的与客户沟通的技巧和原则？

任务一　帮助她在岗位上更出色

任务详情：小 C 是一家星级酒店的前台服务人员，工作认真负责，很少出错，但她一直是那种合格但不够出色的员工，和她同一岗位的姐妹才干了一年就升职了，原因是经常受到顾客的表扬，而且与客人关系特别好，逢年过节酒店推出的礼品盒的销售，她的业绩是小 C 的两三倍。

小 C 为此很烦恼，聪明的你快快帮小 C 找出一个改进工作、提升业绩的方案吧，要尽可能具体和详细哟，让小 C 一看就知道该怎么做。

一、客户与企业和服务人员的关系

现代商业解释，客户是指通过购买你的产品或服务满足其某种需求的群体，也就是指跟个人或企业有直接的经济关系的个人或企业。

管理学大师彼得·德鲁克在《管理实践》中表示："精确地说，企业的目的只有一种：创造客户。"客户是企业的基石，稳定的客户源意味着企业的可持续成长。因此，客户服务已经不再是企业固定的运营成本，而是企业最重要的一项战略资产。

客户可分为外部客户和内部客户。外部客户，指那些需要服务但不属于企业员工的社会群体和个体，例如中间商和产品的终端消费者。内部客户，则是指工作流程的下一道工序，在整个工作流程当中，每一道程序都有前一道和后一道，自己是前一道工序的客户，而下一道工序则是自己的客户，只有每个部门、每个岗位都把自己的客户服务好，最后面对终端消费者，即终端客户的时候才能真正提供优良的服务。

当客户感到企业的存在就是为他们服务、满足他们的特殊要求时，企业就获得了竞争的优势。企业的客户服务水平越高，就会有更多的客户光顾，也会产生更多的忠实客户，企业会相应获取更多的利润。同理，直接与客户沟通的销售、服务人员，如果能让客户感到每一项服务都是全心全意为他而做时，自然会得到相应的回报。

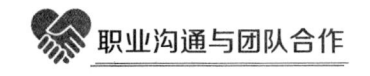

二、与客户建立良好沟通的条件

1. 能深刻领悟服务的精神和表现是建立良好沟通的前提

优质服务的表现有：①微笑待客。②精通业务上的工作。③对顾客的态度亲切友善。④将每一位顾客都视为特殊的和重要的大任务。⑤使每一位顾客成为岗位回头客。⑥为顾客营造一个温馨的服务环境。⑦用眼神传递关爱。

2. 主动沟通是与客户建立信任和良好关系的关键

在日常工作中，应该主动与客户接触，了解服务过程中存在的问题，探询客户需求。而现实的对客服务过程中，往往是客户找上门了才安排人员与之进行沟通。实际上，沟通应该贯穿在服务的每一个环节。可以通过上门拜访、工作简报、意见征询、座谈会、通知公告、电话、网络、活动等多种方式，与客户进行良好的沟通，了解深层次的需求，通过服务给其合理的满足，与其建立一种长期的信任和互动关系。而服务是互动的过程，多一分认识就是多一份信任，多一份信任就多一份理解和配合。

三、与客户沟通前的准备

当工作人员具备了一定的素质后，进行服务还有一个准备的过程。俗话说得好："有备无患"。与客户沟通的成败，与事前准备用的工夫成正比。因此，在见客户之前，推销员、客服人员应该做一系列的准备工作，包括以下几个方面：

（一）掌握客户的相关资料

客户的相关资料包括姓名、性别、年龄、职业、身份、教育背景、生活水平、购买能力、社交范围、个人喜好、业余生活以及个人比较反感的事物等。因为客户是千差万别的，每个客户又都认为自己是最重要的，因此，推销、客服人员一定要尽可能地了解对方的信息。了解对方后，就要"投其所好"，采取恰当的方式接近对方，使对方觉得你很尊重他、很重视他。

乔·吉拉德的做法是建立客户档案，他认为，要使顾客相信你关心他、重视他，那就必须了解顾客，搜集顾客的各种有关资料。

（二）与客户见面要先预约

这种预约一般以客户的时间为主，可以事先打电话给对方或者给对方的秘书："您什么时间方便？我想占用您10分钟左右的时间"或者"早就听说过您，因此很想登门拜访，不知道您什么时候方便？""您什么时间到，我们提前做好准备？"等，一般不要说"我某个时间有空，您方便吗？"等，如果对方答应了，就顺便约一下地点和方式。推销员一定要提前几分钟到达约会的地点，这是对客户的尊重，同时可以整理一下服饰，稳定情绪，以免让客户等候，让局势变得被动。

(三) 准备好产品的有关资料

这包括产品说明书、价目表、公司的介绍等。这些资料在推销过程中是必不可少的，缺少其中的某一份资料都有可能将原本要成功的交易泡汤。有些推销员匆匆忙忙、粗心大意，经常会丢三落四，如价格表、合同、订货单、自己的名片等，就像一个忘带武器的士兵毫无准备地走向战场一样，连最基本的工作都做不好，客户一看就感觉"这人办事不可靠"，怎么能把自己的利益交于一个不可靠的人呢？因此在与客户见面前，一定要仔细检查资料是否备齐。

(四) 讲究自身形象

客户第一眼见到的是工作人员的外在形象，他们绝对不会把自己的利益交付于一个衣衫不整、精神颓废的员工。大方、自然、庄重的人才值得他们信赖。

四、与客户沟通原则和方法

1. 把握服务的沟通原则

视顾客为朋友、为亲人，想方设法让服务用语做到贴心、自然、令人愉悦，这是与客户沟通的基本出发点。

(1) 顾客中心原则。设身处地为对方着想，急顾客之所需。主动说明顾客购买某种东西或者服务所带来的好处。对这些好处做详细、生动、准确的描述，才是引导顾客购买商品或者服务的关键。"如果是我，为什么要买这个东西呢？""如果是我，会需要什么样的服务呢？"这样换位思考，就能深入顾客所期望的目标，也就能抓住所要说明的要点。最好用顾客的语言和思维顺序来介绍产品，安排说话顺序，不要一股脑地说下去，要注意顾客的表情，灵活调整服务语言，并力求通俗易懂。

(2) 倾听原则。"三分说，七分听"，这是人际交谈基本原理——倾听原则在推销语言中的运用。在推销商品时，要"观其色，听其言"。除了观察对方的表情和态度外，还要虚心倾听对方议论，洞察对方的真正意图和打算。要找出双方的共同点，表示理解对方的观点，并要扮演比较恰当、适中的角色，向顾客推销商品、提供服务。

(3) 禁忌语原则。在保持积极的态度时，沟通用语也要尽量选择体现正面意思的词，选择积极的用词与方式。要保持商量的口吻，不要用命令或乞求语气，尽量避免使人丧气的说法。例如：

"很抱歉让您久等了。"（负面调）——"谢谢您的耐心等待。"（积极的说法）

"问题是那种产品都卖完了。"——"由于需求很多，送货暂时没有接上。"

"我不能给你他的手机号码！"——"您是否向他本人询问他的手机号码？"

"我不想给你错误的建议。"——"我想给你正确的建议。"

"你叫什么名字？"——"请问，我可以知道你的名字吗？"

"如果你需要我们的帮助，你必须……"——"我愿意帮助你，但首先我需要……"

"你没有弄明白，这次听好了。"——"也许我说得不够清楚，请允许我再解释一下。"

★ 在服务沟通过程中有"七忌"，即忌争辩、忌质问、忌命令、忌指责、忌独白、忌冷淡、忌"卖弄"专业术语。

（4）"低褒微谢"原则。"低"，就是态度谦恭、谦逊平易。"褒"是褒扬赞美。"微"是微笑。推销人员要常面带微笑，给顾客带来好的心情。"谢"是感谢，由衷地感谢顾客的照顾。如"谢谢您，这是我们公司的发票，请收好。""谢谢您，我马上就通知公司。"

2. 讲究语言形式和技巧

（1）发音清晰、标准。只有发音清晰、标准，对方才能听清说的是什么，不至于只看见唾沫横飞，却根本不知道说了些什么。我们提倡的是普通话，现在大多数的人在公共场合交际，运用的是普通话。很大程度上，一口流利的普通话已经成为高素质的象征，因此一般来说应用普通话交流；如果了解对方老家是某地，对方又以家乡为荣，而自己恰巧又会当地的方言，适当地运用方言跟对方交流也不错。

（2）语言清晰，讲究逻辑。语言要准确易懂，提出的数字要确切，重点要突出。

（3）语调自然、明朗。深沉、抑扬顿挫的语调最吸引人，语调偏高的人，让人感觉叽叽喳喳，听起来不舒服，而且有一种凌驾于客户之上的感觉。因为我们大家有体会，一般而言，领导跟下属、长辈跟晚辈之间谈话时，前者语调较高，后者语调较低，所以客户更喜欢稍低沉的语调；语调要自然，谁都不喜欢做作，尤其是女推销员更不要嗲声嗲气地，自然、大方才受大家的欢迎；语调要讲究抑扬顿挫，否则一个调子下来，客户听不出重点，也容易厌烦。

（4）说话的语速要恰如其分。有些推销员说话本身语速快，在客户面前又有些紧张，因此还没等客户有所反应，自顾自地讲了十几分钟，容不得对方插话，一则不尊重对方，二则自己讲得快了，思维跟不上，容易出错；语速也不应太慢，太慢了会让客户着急、不耐烦。一般来说，正常聊天的语速就可以。同时，语速要根据所说的内容而改变，一成不变的语速容易让人产生厌烦情绪，讲到重点的时候可以适当放慢语速、加强语气，以示强调。

（5）懂得停顿的运用。在讲话过程中，恰当的停顿有多个好处：一则可以顾及客户的反应，是喜欢还是厌恶？对哪一部分感兴趣？以便有针对性地调整说话的内容和语速。二则是让自己有思考的时间，选择更合适的语言来表达，不致太紧张甚至出错；停顿的时间不要太短，要根据对方的反应灵活调整。一般来说，停顿会引起对方的好奇，有时不能逼对方早下决定。

(6) 音量要注意控制。有的人音量本来就大，很多时候像在喊，就要控制一下。音量太大，往往容易给对方造成压迫感，使人反感。音量太小，一则对方听不清楚说的内容，容易不耐烦；二则显得自己信心不足，犹犹豫豫，没信心，自己都没有信心，还怎样影响客户？因此说服力不强。

(7) 在说话时配合恰当的表情。在说话时配合恰当的表情往往会起到比单纯的语言更明显的作用。比如，说到高兴处，可以微笑，或者配合一定的手势动作；说到伤心处，神情表现得悲伤，让情绪感染客户，让客户进入到所创设的情境中，容易诱导客户。

总之，在对客服务过程中我们要以客户为导向，加强客户服务意识，从发掘客户需求入手，把握服务的关键点，在与客户直接沟通的各个环节中，为客户提供更加主动、贴心、细致、周到的服务，建立更为和谐、融洽的客户关系，赢得客户对企业和产品的忠诚。

任务二　能力训练

一、案例分析（"借我一双慧眼"）

1. 结合本课内容分析下面案例中王永庆的成功秘诀是什么？对你有什么启发？

台湾的王永庆是著名的台商大王、华人首富，被誉为华人的经营之神。王永庆15岁的时候在台南一个小镇上的米店里做伙计，深受掌柜的喜欢，因为只要王永庆送过米的客户都会成为米店的回头客。他是怎样送米的呢？到顾客的家里，王永庆不是像一般伙计那样把米放下就走，而是找到米缸，先把里面的陈米倒出来，然后把米缸擦干净，把新米倒进去，再把陈米放在上面，盖上盖子。王永庆还随身携带两大法宝：第一个法宝是一把软尺，当他给顾客送米的时候，他就量出米缸的宽度和高度，计算它的体积，从而知道这个米缸能装多少米。第二个法宝是一个小本子，上面记录了客户的档案，包括人口、地址、生活习惯、对米的需求和喜好，等等。用今天的术语来说就是客户资料档案。到了晚上，其他伙计都已呼呼大睡，只有王永庆一个人在挑灯夜战，整理所有的资料，把客户资料档案转化为服务行动计划，所以经常有顾客打开门看到王永庆笑眯眯地背着一袋米站在门口说："你们家的米快吃完了，给你送来。"然后顾客才发现原来自己家真的快没米了。王永庆这时说："我在这个本子上记着你们家吃米的情况，这样你们家就不需要亲自跑到米店去买米，我们店里会提前送到府上，你看好不好？"顾客当然说太好了，于是这家顾客就成为米店的忠诚客户。

后来，王永庆自己开了一个米店，因为他重视服务、善于经营，生意非常好，后来生意越做越大，成为著名的企业家。

二、社会实践纪实

要求：参加一次与客户沟通有关的社会实践（义卖，到商场、酒店当服务员等），将与客户沟通中的典型案例（对自己有触动、有启发的案例）详细地记录下来，并写出个人的收获与反思。

第八节 面试中的沟通

学习目标

一、知识与能力

1. 能够了解并复述面试的原则。
2. 理解并陈述面试的基本要求。
3. 掌握面试的口才技巧。

二、过程与方法

1. 根据面试要求，做好面试前的准备工作。
2. 学会撰写专业简历。

三、情感、态度和价值观

积极面对即将来临的面试，主动学习面试语言技巧，努力学习专业知识，提高沟通能力，打牢求职面试的专业基础。

案例导入

亮出自己最美丽的羽毛

有一个相貌平平的女孩去应聘，顺利地通过了初试和复试，在决定能否聘用的面试中，招聘方总经理当面告诉她不能被聘用，理由是她的形象不适合所应聘的公关业务。女孩觉得很伤自尊、很憋气，本来那扇门已经关闭了，她却头脑一热突然转回身又打开了门，对主持面试的老板说道："主动权掌握在您的手里，说起来我没有讨价还价的资格。本来，您不需要理由就可以决定我是否被聘用，但您给了，而且给我的理由恰恰是一个不能被我接受的理由。我可以用一分钟换一套衣服，三十分钟换一种发型，但我的学识和内涵才是真正可贵的，我头脑冷静、随机应变的特质是公关职位真正需要的东西，而这是我多年磨炼的结果，是无法用服装、发型、形象这类因素改变的。"

女孩这样做只是想出一口气，不料恰恰用这种方式展现了自己的过人之处，第二天，公司和女孩联系，她被录用了。

后来，她总结这次应聘经历时说："如果把人和鸟儿放在一起做一个比较，人有那么发达的大脑，自然比鸟儿聪明得多，但人有一点比不上头脑简单的鸟儿：鸟儿可以把自己生命中最可贵的东西——美丽的羽毛，在最短时间内展示出来，引起异性的注意，通过求偶的'面试'，但人却不能。生活的节奏越来越快，竞争也越来越激烈，这个时代已经很难给人一种机会、能像泡功夫茶一样让一个人的优秀特质慢慢地显露出来。为了能够在竞争中更好地生存，人应该学一学鸟儿，学会在最短的时间内展示自己最优秀的一面"。

思考：这个案例给我们什么启示？

任务一　帮助她做好面试准备

任务详情：小王是邮轮乘务专业的一名学生，最近，老师在班级微信群发布了钓鱼台国宾馆的招聘启事，小王仔细阅读了招聘条件，想去试一试，但是又不知道自己到底行不行，请给小王一些建议。

一、面试的准备

1. 心理准备

面试的根本目的是全面而准确地展现自己的风采，许多初次面试者会习惯性地夸大面试中的每一个因素，过分关注细节、苛求完美，在面试前给自己制造巨大的心理压力，面试还没有开始，信心大厦就已经坍塌。

面试时要树立自信心。面试，其实是一个人与人交流沟通的平台。面试自信与否，往往会影响到求职者在面试中的整体表现，充满自信是很重要的，谦虚固然是一种美德，但如果自己本来很能干，却口口声声说"凑合"、"差不多"、"还可以"、"马马虎虎"等，那你的能力就可能会受到质疑。

当你感到缺乏自信的时候，可以选择"自我安慰法"，给自己打气，不要去理会有多少人比你优秀，有多少人条件比你好，能够参加面试，在某种程度上来说，已经代表了你并不简单。一位心理学家说过："你要推销的第一个对象就是你自己。"这值得我们细细品味，在推销自己的时候，一定要给自己以信心，放开胆量。

2. 知己知彼

每一个求职的人，都希望在面试时留给主考官一个好印象，从而增大录取的可能性。所以，事先了解面试时的一些必要的礼节，是非常重要的。可以说，这是求职者迈向成功的第一步。中国有句古话："知己知彼，百战不殆。"面试就如同一场试探性的战斗，战斗的双方就是面试单位的主考官和参加面试的你自己。

（1）研究主考官。要试想一下主考官会从哪些方面来考察、评价面试者。一般来说，主考官会通过衣着、外表、仪态和行为举止对应聘者有一个初步印象，即第一印象。其次，主考官会对应聘者的专业知识、口才、谈话技巧做整体的考核。再次，主考官通过面谈来了解应聘者的性格和人际关系，并从谈话过程中了解应聘者的情绪状况、人格成熟的程度以及工作的热情程度和责任心等。

（2）研究自己。认识自己，了解自己的长处、兴趣、人生目标、就业倾向等。参加面试一定要抱着谨慎的态度，不浪费每一次机会，并把每一次面试当作重要的经验积累起来，千万不要有随便或侥幸的心理。人与人的作用是相互的，你若是郑重其事，对方也自然会重视你。

3. 撰写简历

简历是在求职时帮助我们获得面试机会的敲门砖，你需要通过这薄薄的一张简历来让企业 HR 对自己有个初步的认识并迅速博得好感，同时更要证明你是胜任该目标职位的不二人选。因此，制作出一份具有战斗力的个性化简历就显得尤其重要。

专业简历编写的四项核心原则：

（1）真实性。简历是你交给企业的第一张"名片"，不可以撒谎，更不可以掺假，但我们可以进行优化处理。

（2）针对性。撰写简历时可以事先结合职业规划确定出自己的求职目标，做出有针对性的版本，运用专门的语言对不同企业进行求职递送简历，这样做往往更容易得到 HR 的认可。

（3）价值性。简历使用的语言讲究平实、客观和精练，不宜出现太感性的描述。简历中尽量提供能够证明自己工作业绩和能力的量化数据。

（4）条理性。简历的内容要有条理，最重点的内容有：个人基本资料、工作经历（职责和业绩）、教育与培训经历。次重要的信息有：职业目标、核心技能、背景概述、语言与计算机能力以及奖励和荣誉信息。其他的信息可不作展示，对于自己的闪光点可以点到即止，不要过于详细，留在面试时再作详尽的展开。

4. 其他准备

根据求职岗位的特点准备一套适合面试的服装。你的穿着一定要符合你的新社会角色。对男士来讲，拥有一套合身、穿着舒服但不用很昂贵的西装是非常有必要的。对女士来讲，暂时把时装收起来，身着职业套装会平添几分成熟和风韵。

熟知必要的面试礼仪，并提前演练，会让你在面试中表现得轻松自如。

例如，一位导游专业的毕业生到一家旅行社自荐求职。

业务主管在了解了他的有关情况和工作简历后，向他提出了一个与业务工作无关的问题：你会使用计算机吗？这名求职者具有计算机的基本操作技能，只是不熟练，他犹豫再三，索性就说自己不会。于是，主管就拒绝了他。

后来，他又到另一家公司去求职，这家公司的经理也同样向他提出了一个类似的问题。"我不会，因为我学的是导游，我只能干与旅游业务有关的工作，其他我就不会了。"结果，他的求职请求又一次被拒绝了。

接连两次碰壁使他十分懊丧，一位有多年工作经验的朋友告诉他说："人家向你提出这样的问题，并不是就要你干这项工作，只是考验你，看你有没有自信心。下次如果再有人问你这类问题，你就大胆地说你能干。"果然，照这位朋友说的去做，第三次他获得了成功。

二、面试的原则

1. 尊重面试考官

尊重对方并不是要一味地逢迎对方，看考官的脸色行事，对考官的尊重是对他人格上的尊重。

2. 充满自信

调整好状态，不要让自己太紧张；回答问题要流畅具体，有条理，说话的声音要清晰响亮；要注意与面试官的眼神交流，眼神接触对于表达内心感受、自我感觉是很重要的，眼神闪烁、东张西望除了让人感到不够真诚之外，也会让面试官觉得你不尊重他。所以，在适当的时候，要注意眼神的接触。

3. 双向交流

面试应该是一种双向的沟通过程，面试官通过面试判断应聘者适不适合招聘职位。而同时应聘者也需要通过面试判断应聘公司及岗位、未来上司适不适合自己。

小李是某技工院校毕业生，生性自由散漫惯了，这次面试时，前台接待先把他领到一个小房间，让他独自等待。他觉得很无聊，一边环顾四周，一边喝水，翻翻桌上的资料册，不自觉地架起了二郎腿，还不断地抖腿。他的这副漫不经心的样子，全被面试官看在了眼里。更糟糕的是，全程面试中，他还是时不时地抖腿，让面试官失去了谈下去的兴趣，才十分钟就结束了面试。

虽说面试时不一定要正襟危坐，但在整个过程中你务必要遵守一些行为准则，这不仅是职业素养的体现，也是个人素质的体现。从这些行为举止中，HR会判断你是否是个作风严谨、有约束力的人，而这个问题关系到对你工作是否认真、负责等方面的判断，自然直接关系到你是否会被录取。

三、面试的基本要求

1. 仔细聆听

好的交谈是建立在聆听基础上的，在面试过程中，面试官的每一句话都非常重要，要集中精力认真地去听。在聆听对方说话时，要自然地流露出敬意，身体可以微微倾向说话者，表示对说话者的重视；记住说话人讲话的内容重点，并了解说话人的希望所在，巧妙地通过应答把对方讲话的内容引向所需的方向和层次；聆听是尊重对方的表现，无论在何种场合，尊重他人，才能得到他人对你的尊重，想要得到面试官的青睐，就一定要学会聆听。

2. 谦虚诚恳

谦虚、诚恳、自然、亲和、自信的谈话态度会帮助求职者获得成功，面试时要在现有的语言水平上，尽可能地发挥口才作用。要用概括、简洁的语言突出与众不同的个性和特长，使个人形象鲜明，给考官留下难忘的记忆，可以通过引用别人的言论，如老师、朋友等的评论来支持自己的描述；坚持以事实说话，介绍的内容和层次应合理、有序地展开，尽量不要用简称、方言、土语和口头语，以免对方难以听懂；当不能回答某一问题时，应如实告诉对方，含糊其辞和胡吹乱侃会导致失败。

3. 毛遂自荐

职场面试时的毛遂自荐对于初次走上工作岗位的学生尤为重要，恰当的自荐能让你在短时刻内锋芒毕露。自荐时，表现自己的优势是主要的，但一定要注意客观陈述，只说长处，甚至盲目地夸大自己的长处，往往容易使人产生怀疑，因此，在充分肯定自己优势的前提下，可以补充几点自己的不足，以示公正和客观；自荐时贬低他人、抬高自己的做法是不可取的，因为在激烈的竞争中，良好的素质和完善的人格是一切成功的基本保障，可以宣传自己，但不能在宣传自己的同时损害别人；自荐时，可以带上学历证明、资历证书、荣誉证书以及有关足以说明个人能力的实物样品等。

4. 巧对提问

在面试结束前，大多数的主考官都会向求职者提问题，最常见的问题如：你有没有什么问题或疑问，想要提出来的？无论求职者是否有提出问题，其实，这个问题背后的真正含意，通常是主考官用来测试你对这份工作有多大的决心和热情。面试者应该积极、主动地利用面试最后一关的机会，适时地提出问题，这有助于主考官加深对你的印象，你也可以趁此机会进一步了解这家公司的背景、企业文化是否适合你。如果能够在面试时，提出漂亮的问题，录取的机率将会大大提高。至于待遇、年假天数、年终奖金、福利措施等问题，有些公司的主考官在面试时会直接向求职者提出。如果对方没有提及，对初入社会的求职者来说，不太适合提出，除非你有对方不得不录取你的条件。

5. 少用"我"字

心理学研究表明，多数人都有展示自我的欲望又有不乐意做别人自我展示的观众的心态，因此在面试过程中尽量减少"我"字的使用频率。可以把"我"字开头的话题，转为"你"字开头；变单数的"我"为复数的"我们"；还可以用较有弹性的"我觉得""我想"来代替强调意味很浓的"我认为"、"我建议"等词语，以起到缓冲作用；使用"本人""大家"等来转移"我"、"我们"的语义积累作用，还可以用"我的拙见""我个人的看法"等作修饰和限定。总之，除了在明确主体、承担责任的语义环境下，考生应注意慎用和巧用"我"字。

6. 灵活运用

面试时，为考查考生应变能力，考官经常会抛出令人措手不及的题目，考查考生在有压力的情况下对突发事件、棘手问题的应对。考生思维反应要敏捷，情绪要稳定，考虑问题要周到。有时候考官会针对考生回答问题内容本身提出较尖刻的问题，此时，考生应控制情绪，千万不要紧张、慌乱，不要认为是自己或别人面试表现不够理想，因而主考官才故意设题刁难自己，更不能认为"大祸临头"，回答态度要诚恳，能体现出机智、幽默为上策，这样考官会认为你不仅处变不惊，且有化解压力与紧张气氛的能力。

某技师学院机械制造专业毕业生到一家石油装备技术有限公司求职时，先是介绍了自己所学的专业情况，然后非常认真地问面试官有什么要求，公司的一个老工程师告诉他主要是干绘图工作。这位青年人马上说："这是我最拿手的，我在实习单位就做过绘图，您可以当场试我。"老工程师露出了笑容。因为绘图很容易但并不容易做好，这种工作单调枯燥乏味，年轻人如果肯干，看来不是个眼高手低者。老工程师又问："你搞过设计吗？""搞过四个设计，都获了优秀，还有一个被实习工厂看中了。"他拿出了证书和获奖图纸。老工程师饶有兴趣地边看边聊："搞设计要下现场，有时连轴转，你行吗？"小伙子拍着厚实的胸脯说："没问题，让干什么就干什么，只是希望有机会再继续读个本科。""没问题"。这回是老工程师拍胸脯。

事后，老工程师说："这个学生的设计难度并不大，但实用。他不问待遇，不要求坐办公室，而是希望继续学习，是个有事业心的青年。我们倒不在乎他的学历，这种技工院校的学生可能比本科生更实干。"

这位年轻人语言朴素无华，他的成功关键在于面谈时稳健沉着、谦虚谨慎，使老工程师由衷地欣赏这位青年大学生敬业爱业精神。

四、面试的口才技巧

(一) 自我介绍的口才技巧

1. 直白式，就是有什么说什么，原原本本、直截了当地表露出来。

如："我叫×××，是××人，××学院毕业，学的是英语专业，3年制专科……"轻松洒脱，但难与面试者的问话目的契合，很难留下较为深刻的第一印象。

2. 文雅式，就是把话说得很规范而且有文采，显示出丰厚的涵养水平。

如："鄙人×××，祖籍山东省，就学于××学院，主修专业为××，学制时间3年……"虽有文采，绝大多数面试者只是请你去干活的，对基础性的学问研究之类并没有多大兴趣，所以很容易在第一时间就被刷下来。

3. 成果式，就是着重展示自己的成果，用成果去抓住并打动面试者的心。

如："我叫××，××人，××大学××专业，取得了一个硕士、2个学士学位，为学校筹款30万元，获得过省部级以上设计奖4个，先后有5家报刊做过报道……"具有吸引优势，但如果实力不强，容易陷入"巧妇难为无米之炊"的困窘之中。

4. 幽默式，就是说得生动、说得风趣，从平淡中说出了新意，给人耳目一新的感觉的同时，也产生出较强烈的第一印象。

如："我叫林晓，知名度小；生于××省，一个乡巴佬；硕士毕业，普通院校；成绩优良，技能不少……"能在短期内迅速引起面试者的注意，拉近求职者与面试者的心理距离。

5. 职务式，就是借助于职务的列举来显示出自己的学识水平与技术或组织能力来。

如："我叫×××，××市人，××××大学××专业毕业，我崇尚并特别注重实践，先后兼任过3家化工公司的总经理助理，主持过4个学生科技攻关小组，做过5次大型企业活动的总策划，担任过学生会主席等6个职务……"很容易一下子抓住面试者的注意力，成为用人单位的首选目标。

自我介绍训练的基本要求：

1. 符合不同场合，必须简短，在1~5分钟之内说完。必须有条理、有重点。

2. 语速要适中，不能太快或太慢；口齿清楚，尽量用普通话。

3. 禁忌：

吞吞吐吐——说明自信心不足。

前言不对后语——说明所说内容不可信。

话语太长——说明求职者心不在焉。

满口套话——没有实战经验。

过分自谦——底气不足或城府太深。

(二) 求职引发共鸣的口才技巧

1. 悲剧式，就是讲出自己不同于常人的悲惨境遇。

如：家境、身体、经历等。因为人们普遍都有对于弱者的同情心、对于可怜者的怜悯心。

2. 喜剧式，就是用幽默、风趣、讥讽或自嘲等方法来激发面试者的笑神经。在他心目中建树起良好的第一印象。

3. 实用式，就是求职者要学会用语言去提醒招聘者，使招聘者感觉到求职者的知识与技能确实对自己有用，而且十分迫切。

注意：判断失误，引不起共鸣；共鸣点太肤浅或准备不足，无法继续深入；共鸣点与所求聘的团队及岗位关系不紧，甚至毫无关联，引不起面试者的兴趣；共鸣的题材太过于敏感，他人避之不及；共鸣时的表现太过激烈，暴露了求职者的性格弱点。

例：孙先生面试一路绿灯，过关斩将，最后人力资源主管问他："你为什么想进我们公司？"孙先生回答："你们公司的培训机会很多，我想将来好好学习。"没料到最后居然落选了。

——你既然是想来学习的，那我们干吗要花钱雇你？不如回答："我看中的是贵公司的产业及发展前景……"因为企业首先考虑的是你能不能现在干活，别把恭维用错了地方。

(三) 求职展示亮点的口才技巧

1. 工作式，在实际工作发现自己的优势，并用生动、精当的语言陈述、表露出来。

2. 技术式，在应用技术中发现自己的优势，并用生动、精确的语言周密陈述、表露出来。

3. 生活式，在日常生活中展露独特的某一项本领，形成自己的优势，让旁人用生动、精当的语言陈述、表露出来，并不断地传扬开去。

4. 特殊式，求职者只要具备了某一项较为独特的本领，都可以而且应该寻找到急需的相关行业展露出来。

5. 发展式，也就是要发展好自己的优势。

展示亮点要从招聘单位或岗位职责中最薄弱的环节上去寻找并展示亮点。重点展示职业亮点，而不是性格亮点。

例：李女士面试将要结束，人力资源主管问她："你认为自己最适合干什么？"李女士回答："只要公司需要，我什么都能干。"最终没被录用。

你什么都能干,那肯定什么都不一定干得精。既然如此,人家要你干什么?你必须展示出自己的亮点,让人觉得你既有抱负又脚踏实地才行。

(四)求职应对尴尬的口才技巧

1. 极端式,让求职者经受极端的锻炼,学会从极端中寻求解脱、重觅新路,创造出"柳暗花明又一村"的新境界来。

2. 急智式,使求职者在紧急状况下快速反应,能在最短的第一时间内作出合理的选择,拿出较科学正确的解决办法来。

3. 模拟式,模拟出情境相似的实践环境。

要求:镇定不慌乱。争取时间,奉行无伤害原则,解决问题、突破尴尬、找理由反攻。不要无理转移问题,不要完全被既定的圈子套住,一般不要直接拒绝回答。

任务二 能力训练

一、案例分析("借我一双慧眼")

1. 假如你是王蕾,该如何回答?

王蕾是某职业技术学院的高材生,主学邮轮乘务,选修文秘,应聘某知名集团公司的文秘岗位,面试中双方谈得非常愉快,快接近尾声时,人力资源主管问她:"对你来说,现在找一份工作是不是不太容易,或者说你很需要这份工作?"她说:"那倒不见得"。结果主管就没有录用她。

_____
_____
_____
_____

2. 下面是两位应聘者在面试中自我介绍的一部分,你认为哪个比较好,说出你的理由。

考生甲:"在我负责销售部期间,我使部门工作获得了较大起色,并且在我的严格管理下,本部门工作人员也得到了极大的锻炼和进步,因此我得到了总公司的赞赏，这令我非常欣慰。"

考生乙：在我负责销售部期间，部门工作获得很大起色，不仅销售额比去年上升了百分之三十，而且部门职员也得到了极大的锻炼和进步，总公司对此的奖励，是对我们全部工作人员的极大的鼓励。"

二、总结反思

1. 学习了面试的相关知识后，为钓鱼台国宾馆的面试准备一份自我介绍。

2. 小组合作，举行一场模拟招聘会。

实训目标：掌握面试的基本技巧。

实训学时：2 学时。

实训地点：教室。

实训方法：学生自设场景，分若干小组进行。每组内由同学分别扮演求职者和招聘者。

要求：小组成员全员参与，要设置不同招聘情境，注意遵循面试的原则和基本要求，讲究语言沟通技巧，将自我介绍、引发共鸣、展示亮点、应对尴尬等环节都进行演练。

参考场景：

烟台渤海轮渡招聘邮轮乘务员面试

顺丰速递招聘工作人员面试

项目训练　为本专业做宣传

一、项目要求

分组讨论，设计、拟定专业宣传方案，以班级这个大的团队为单位组织一次对外专业宣传。

二、项目目标

1. 能恰当地利用沟通的原则和技巧进行有效沟通。
2. 能合理分工，实现团队高效合作。
3. 能根据需要设计适当的宣传方案。
4. 能恰当运用演讲等技巧进行宣传。
5. 培养解决问题的意识和方法。
6. 树立对专业的责任心和自豪感。
7. 培养创新意识和创新能力。

三、项目完成时间

时间跨度三个周；上课时间：12课时。

◆思考：完成这个项目需要做哪些工作？需要与哪些人进行沟通？需要哪些沟通方式和技巧？

四、项目实施

1. 讨论、确定宣传内容、方式、方法

（温馨提示：专业有哪些亮点？用什么方式来表现这些亮点？需要的宣传内容从哪里收集？如何做宣传方案？）

（1）分组讨论

讨论结果：_____

(2) 班级内汇各小组讨论的宣传内容、方式、方法：_____

(3) 全班确定总体宣传思路，做宣传方案：_____

2. 分配具体任务（原则上以学习团队为单位承担，可根据个人特长自由组合承担任务）

分工：_____

3. 完成分工任务(限定统一完成时限)

过程记录：_____

_____

_____

_____

_____

4. 各小组完成任务情况汇总、调度，全班讨论，组织改进、完善

改进记录：_____

_____

_____

_____

_____

_____

_____

5. 进行宣传彩排

_____

_____

_____

_____

_____

6. 进行实际宣传活动

活动记录：_____

_____

_____

_____

_____

_____

7. 记录个人和小组在项目完成过程的活动情况，写出个人在团队合作、素质素养、能力、方法等方面的收获和反思

_____
_____
_____
_____
_____
_____
_____
_____

五、项目评价

1. 评价原则

（1）评价形式：采用阶段性（成果展示）评价与形成性（过程）评价相结合的方式，更注重形成性（过程）评价，尊重学生在项目活动中的参与度和积极性。

（2）评价内容：包括知识学习成果评价、专业技能掌握程度评价和素质形成与发展评价。

（3）评价方式：采用学生自评、互评和教师评价相结合的方式。

2. 评价标准

附表1 项目成果展示评价表（教师评价表）

组别 \ 项目	分工的合理性（1分）	学生参与度（2分）	方案的可行性（2分）	宣传过程（2分）	宣传效果（3分）
1组					
2组					
3组					
4组					

班级_____ 小组长_____ 发言人_____

附表2　小组合作学习评价表

个人评价				小组加分		
姓名	表现摘录	自评	互评	次数	加分	总分

教师评价

评价标准：

A. 课堂活动中积极参与，与小组成员团结协作，效果好。（5分）

B. 能较好参与课堂活动，团结合作，效果还好。（4分）

C. 遵守课堂纪律，与小组同学相互配合。（3分）

D. 不能做到以上三点。（2分）

说明：在班级内组成合作学习小组。小组活动完毕后，由小组长负责组织大家进行自评和互评，并记录在"小组合作学习评价表"。

观察内容：小组合作学习的有效性

观察对象：各小组内的学生

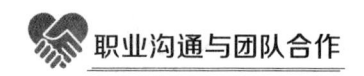

附表3　小组合作学习的有效性观察评价表

日期：　　　　　班级：　　　　　教师：

评价内容	小组内学生分工明确	小组内学生的参与程度	认真倾听、互助互学	合作交流中能解决问题	自主、合作、探究的氛围	总分
分值	（2分）	（2分）	（2分）	（2分）	（2分）	（10分）
组别						
第1组						
第2组						
第3组						
第4组						
第5组						
第6组						
第7组						
总评价						
备注						

附表4　小组合作学习活动记录表

第　　小组学习情况记录			
姓名	自评得分	互评得分	亮点
对其它小组合作学习情况评价			
组号	得分	优点	不足
教师评语			

附表 5　学生参与小组合作学习评分细则

参与小组学习活动的表现	评价等级				
	优	良	中	差	总评
1. 与其他同学合作与交流	5	4	3	2	
2. 认真听取其他同学的意见	5	4	3	2	
3. 表达自己的观点和意见	5	4	3	2	
4. 与其他同学共同制定计划	5	4	3	2	
5. 与其他同学共同完成任务	5	4	3	2	
6. 完成自己的任务	5	4	3	2	
7. 帮助其他同学	5	4	3	2	
8. 协调小组成员	5	4	3	2	
9. 促进小组学习活动	5	4	3	2	
10. 与其他同学分享学习成果	5	4	3	2	

附表 6　课堂模拟训练评分表

题目	音量适中、语气自然（2分）	态势自然大方（2分）	仪容仪表得体（1分）	内容合理、准确（5分）
1				
2				
3				
4				

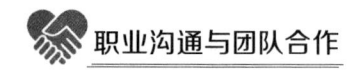

参考文献

1. 黄荣华，梁立邦：《人本教练模式》，厦门：鹭江出版社，2014.
2. 张岩松，孟顺英，樊桂林：《人际沟通与语言艺术》，北京：清华大学出版社，2010.
3. 劳动和社会保障部职业技能鉴定中心组编：《与人交流能力训练手册》，北京：人民出版社，2008.
4. 张文光：《人际关系与沟通》，北京：机械工业出版社，2009.
5. 惠亚爱：《沟通技巧》，北京：人民邮电出版社，2008.

图书在版编目（CIP）数据

职业沟通与团队合作 / 赵仁平，刁玉峰主编. -- 北京：中国书籍出版社，2017.10
ISBN 978-7-5068-6590-6

Ⅰ. ①职… Ⅱ. ①赵… ②刁… Ⅲ. ①人际关系学-高等职业教育-教材②组织管理学-高等职业教育-教材 Ⅳ. ①C912.11②C936

中国版本图书馆CIP数据核字(2017)第269228号

职业沟通与团队合作

赵仁平　刁玉峰　主编

责任编辑	丁　丽
责任印制	孙马飞　马　芝
封面设计	管佩霖
出版发行	中国书籍出版社
地　　址	北京市丰台区三路居路97号（邮编：100073）
电　　话	（010）52257143（总编室）　　（010）52257153（发行部）
电子邮箱	eo@chinabp.com.cn
经　　销	全国新华书店
印　　刷	青岛金玉佳印刷有限公司
开　　本	787 mm × 1092 mm　1 / 16
字　　数	303千字
印　　张	15.5
版　　次	2018年1月第1版　　2018年1月第1次印刷
书　　号	ISBN 978-7-5068-6590-6
定　　价	38.00元

版权所有　翻印必究